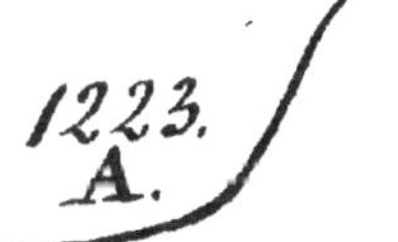

LEÇONS ÉLÉMENTAIRES

PRATIQUES ET THÉORIQUES

DE LA

LANGUE FRANÇAISE

ET DE SON ORTHOGRAPHE,

PAR LESQUELLES

Les enfans, les adultes et même les personnes plus âgées peuvent apprendre, concevoir et développer les principes ou régles de la Grammaire, beaucoup plus rapidement qu'avec les moyens ordinairement employés.

OUVRAGE

PROPRE A EXERCER L'INTELLIGENCE DES ENFANS DE L'UN ET L'AUTRE SEXE.

Par F. J. BER,

PROFESSEUR DE LANGUE FRANÇAISE ET DE COMPTABILITÉ COMMERCIALE.

METZ,

DE L'IMPRIMERIE DE CH. DOSQUET, RUE COUR-DE-RANZIÈRES, N° 2.

1834.

À Monsieur

Le Ministre Secrétaire-d'État

Au département de l'Instruction publique.

Monsieur le Ministre,

Législateur bienfaisant de la loi actuelle sur l'instruction primaire, où vous vous occupez avec une bonté toute paternelle du perfectionnement moral et du bien-être physique des Français, et où vous faites un appel à tous les Instituteurs pour vous aider à faire réussir l'œuvre sublime que vous entreprenez, œuvre qui doit être pour vous, Monsieur le Ministre, la source des plus pures et des plus douces jouissances, car le plaisir le plus doux qu'on puisse goûter, c'est sans contredit celui de faire des actions qui soient utiles au bien-être et au bonheur des générations. Semblable à l'astre généreux, dont les rayons salutaires vont éclairer sans cesse et ranimer toutes les œuvres de la création, votre bienfaisance s'attache à calmer, à soulager ou à détruire les maux sans nombre qui forment le triste apanage de l'humanité; vous employez tous vos efforts pour que l'ignorance et les préjugés qu'elle enfante, soient remplacés par une instruction appropriée aux besoins et à la position de chaque individu. Ils seront couronnés, vos nobles efforts, ils seront couronnés par les succès les plus éclatants; et les progrès intellectuels obtenus par le concours de l'étude et du travail, feront renaître les habitudes d'indépendance morale, et relèveront toutes les facultés généreuses de l'âme, épureront les sentiments du cœur, et en grandissant l'homme à ses propres yeux, le rendront meilleur et plus vertueux. Avec tous ces avantages, avec ces nouvelles mœurs sociales, chaque individu, dans la sphère où l'aura placé la divine Providence, obtiendra une juste considération ; et se rappelant que c'est à vous, Monsieur le Ministre, qu'il doit tout le bonheur dont il jouit, il bénira l'auteur d'un si grand bienfait, et ne prononcera son nom qu'avec respect, amour et reconnaissance.

C'est pour répondre à votre noble appel, Monsieur le Ministre, que j'ai entrepris ce petit ouvrage que j'ose mettre sous votre protection ; votre suffrage, si je suis assez heureux pour l'obtenir, deviendra pour moi le prix le plus flatteur de mon travail.

J'ai l'honneur d'être avec respect,

Monsieur le Ministre,

Votre très-humble et très-obéissant serviteur.

F. J. Ber.

Metz, le 1ᵉʳ mai 1834.

A MES JEUNES LECTEURS.

MES bons amis, vos parents vous mettent en classe pour vous y faire instruire ; mais vous êtes encore trop jeunes pour savoir apprécier à sa juste valeur l'utilité réelle des talents, distinguer la grande différence qui existe entre l'homme instruit et celui qui ne l'est pas ; sentir combien il est avantageux pour l'homme, d'avoir orné de bonne heure son esprit de tout ce qui peut contribuer à le rendre heureux. Ce n'est qu'à mesure que votre raison acquerra de la force, votre jugement de la solidité, vos connaissances de l'étendue, que vous pourrez apercevoir ces divers objets sous leur véritable point de vue.

Pour acquérir promptement les connaissances utiles et précieuses qui doivent contribuer à votre bonheur dans le monde, mes jeunes amis, il en est une autre à laquelle vous devez vous appliquer et qui doit les précéder, c'est la lecture.

Pour bien lire, il faut articuler lentement et distinctement toutes les syllabes, observer avec scrupule les points et les virgules destinés à établir les temps de repos ; ce qui constitue une partie de l'harmonie qui appartient à la lecture.

Une belle prononciation fait sentir les beautés de ce qu'on lit ; elle en relève infiniment l'éclat aux yeux des auditeurs. La noblesse dans l'action anime le discours, elle excite les mouvements, touche les cœurs, et fait passer dans l'âme émue des spectateurs toutes les passions dont on est soi-même agité. Pour produire ces heureux effets, il faut varier le ton et les inflexions de la voix selon la diversité des mouvements qu'on éprouve en lisant, y conformer l'air du visage, montrer des yeux ardents et enflammés dans l'indignation et dans la colère, doux et pleins d'un tendre feu dans l'amitié, riants dans la joie, tristes et abattus dans la douleur. En un mot, tous les sentiments, toutes les passions que la diversité des sujets de lecture vous feront éprouver, doivent se produire dans vos gestes, dans votre voix, dans l'air de votre visage, et surtout dans vos yeux.

Le beau geste charme les yeux, la belle voix enchante les oreilles, la peinture des mouvements les excite.

EXERCICES DE LA MÉMOIRE.

Un des plus puissants moyens de vous instruire rapidement, mes jeunes amis, c'est d'exercer votre mémoire. Cette faculté étant très-vive dans l'enfance, ce que vous apprenez par cœur étant à votre portée, vous n'éprouverez aucune peine à le graver dans votre mémoire. Voici comme il faudra vous y prendre : aussitôt que vous saurez quelque chose de votre livre, récitez-le de suite : pour qu'il se grave mieux dans votre esprit, répétez plusieurs fois la semaine tout ce que vous savez de votre livre; sans quoi vous risquez d'en laisser effacer jusqu'aux premières traces.

Une excellente pratique que je vous engage à mettre en usage, c'est de repasser, le soir avant de vous coucher, tout ce que vous devez réciter le lendemain matin. Le travail de la mémoire, dans le repos du sommeil et de la nuit, est très-favorable à cet exercice. Il faut, autant qu'il vous est possible, vous éloigner du tumulte et du bruit quand vous apprenez par cœur. Ce silence, mes aimables amis, vous accoutumera à la réflexion, et facilitera les opérations de votre mémoire.

Il est un autre exercice de la mémoire qui consiste à rendre compte de ce qu'on a lu. Pour ne pas vous tromper dans ces récits, il faut prendre de courtes notes pour vous empêcher de vous éloigner de votre sujet. Il faut faire ces détails dans le style le plus simple.

Il est essentiel de vous habituer à bien parler. Les locutions vicieuses doivent être bannies des conversations les plus simples; elles laissent souvent des traces que le temps même ne peut effacer.

HEUREUX EFFETS DE L'APPLICATION.

Si vous vous livrez assidument à l'étude, mes chers amis, vous arriverez promptement au but de votre course, car la nature a mis en vous le germe des plus brillantes facultés; mais il restera à jamais stérile, si une culture laborieuse ne le féconde et ne le développe. Tout ce qu'il y a eu de beau, de grand, de sublime et de durable, c'est le travail et une assiduité constante qui l'ont produit. Les talents sont, après la vertu, le plus utile comme le plus noble exercice de l'âme, le plus aimable délassement de l'esprit, le plus doux charme de l'existence.

Un point essentiel, c'est de bien augurer de soi-même : c'est le premier, le plus puissant aiguillon du courage. Tout homme dépourvu de ce noble sentiment, est sans énergie, parce qu'il est sans espérance. Si, au contraire, il a cette généreuse estime de lui-même, il peut tout par là même qu'il croit tout pouvoir. Bientôt s'élevant de succès en succès, il parvient par la rapidité de sa course, à marquer la carrière de son existence par les traces les plus glorieuses.

Si vous cultivez dès-à-présent les dispositions de votre esprit et dirigez les penchants de votre cœur, j'ose vous assurer que vous acquerrez les talents, la sagesse et le bonheur. Les récoltes fécondes n'appartiennent durant l'âge mûr, qu'aux mains prévoyantes qui ont semé dans les beaux jours. C'est en vain que l'agriculteur habile répand une semence choisie, si la terre, après avoir ouvert son sein pour la recevoir, ne l'échauffe et ne l'entretient. Vous êtes, mes chers enfants, le champ que votre instituteur cultive avec un travail assidu. Voulez-vous qu'il ne se hérisse pas de ronces et d'épines? voulez-vous qu'après s'être couvert de fleurs brillantes, il produise dans la saison les fruits les plus précieux? répondez aux tendres soins de votre instituteur, remplissez avec exactitude tous vos devoirs.

DEVOIRS DES ÉLÈVES ENVERS LEUR MAITRE.

Le premier devoir des élèves, c'est d'aimer leur instituteur, de le regarder comme un bon père de qui ils reçoivent tous les jours, non la vie du corps, mais celle de l'âme, qui est infiniment plus précieuse. Ce sentiment de tendresse, de respect rend faciles tous les autres devoirs. Quel fils, s'il n'est dénaturé, n'obéit aveuglément à son père, et n'est reconnaissant des tendres soins qu'il en a reçus? Ayez donc les mêmes sentiments pour votre instituteur, car il est revêtu de l'autorité paternelle, il en remplit les plus pénibles fonctions, et vous lui devrez vos vertus, vos talents, vos lumières, et par suite votre bonheur. Soyez dociles à ses leçons, recevez ses avis avec amour, et mettez-les en pratique. La volonté d'un sage et vertueux instituteur ne peut avoir que votre bien-être pour objet : attention soutenue, avis salutaires, zèle, encouragement, affection toute paternelle; enfin, il a pour vous les sentiments d'un bon, d'un tendre père.

Je vous dirai encore, mes bien-aimés enfants : faites-vous des images vives du bonheur qui doit être la récompense d'une sage activité, et des malheurs où tombent les insensés et les paresseux, vous intéresserez vos cœurs à être vertueux et laborieux.

MOYEN QU'IL FAUT EMPLOYER POUR APPRENDRE À CONNAÎTRE L'ORTHOGRAPHE ET LES PRINCIPES DES MOTS.

Comme les chiffres qui sont placés au-dessus des mots, dans les exercices pratiques, indiquent les numéros des règles auxquelles ces mots sont soumis, il suffira de chercher les règles indiquées par ces numéros, pour connaître l'espèce et l'orthographe de tous les mots en général, et d'en faire l'analyse raisonnée.

LEÇONS ÉLÉMENTAIRES,

PRATIQUES ET THÉORIQUES

DE LA

LANGUE FRANÇAISE

ET DE SON ORTHOGRAPHE.

INTRODUCTION.

La GRAMMAIRE est l'exposé des règles qu'on doit suivre pour parler et pour écrire correctement ; pour parler et pour écrire on se sert de mots ; les mots sont des TOUTS syllabiques, devenus par convention les signes de nos idées. ÉCRIRE, c'est représenter ou peindre la parole par des caractères qu'on nomme lettres.

Il y a deux sortes de lettres : les VOYELLES et les CONSONNES.

Les VOYELLES sont *a*, *o*, *u*, *e*, *i*, *y*. *Ai*, *ei*, *eu*, *œu*, *au*, *eau*, *in*, *ain*, *on*, *un*, etc., composés de plusieurs lettres, sont aussi des voyelles, parce qu'on ne fait entendre qu'un son en les prononçant.

Les CONSONNES sont m, n, l, r, b, p, v, f, d, t, z, s, g, c, k, q, j, ch, que l'on prononce me, ne, le, re, be, pe, ve, fe, de, te, ze, se, gue, que, ke, que, je, che. On les appelle CONSONNES, parce qu'elles ne forment un son que comme si elles étaient jointes à une voyelle. Leur fonction est d'indiquer les modifications que peuvent subir les sons représentés par les voyelles.

Il y a trois sortes d'*e* : e *muet*, é *fermé*, è *ouvert*.

L'E MUET est celui qui n'a qu'un son sourd et peu sensible, comme à la fin de ces mots : *homme*, *livre*, *plume*, et quelquefois nul, comme dans je *prie*, tu *prieras*, *paiement*.

L'É FERMÉ est celui qu'on prononce la bouche presque fermée, comme dans ces mots : *régénéré*, *répété*.

L'E OUVERT est celui que l'on prononce la bouche très-ouverte, comme dans ces mots : *près*, *très*, *accès*, *succès*.

L'*y* grec dans les mots où il est précédé d'une voyelle ou entre deux voyelles, tient la place de deux *i* : *pays*, *royaume*, *joyeux*, que l'on prononce comme s'il y avait *pai-is*, *roi-iaume*, *joi-ieux*.

L'*h* est muet lorsqu'il se lie avec le mot qui précède, comme si le mot qui commence par *h* commençait par une voyelle. Ex. : *l'homme*, *l'histoire*, *les hommes*, *les histoires*. Il est aspiré, quand il ne se lie pas avec le mot qui précède. Ex. : le *héros*, les *héros*, la *hauteur*, les *hameaux*.

OBSERVATIONS SUR LA PRONONCIATION DE QUELQUES LETTRES.

C suivi des voyelles a, o, u, se prononce comme *k* : *cadre, coudre, curiosité;* mais suivi de l'*e* ou de l'*i*, il se prononce comme *s* : *ceci.* Pour lui donner une prononciation douce devant a, o, u, on met dessous un petit signe en forme de virgule: *façonner, il reçut, façade.*

G suivi de a, o, u, se prononce dur : *gâter, gouverner, Gustave;* mais suivi de l'*e* ou de l'*i*, il se prononce comme *j* : *généreux, gibier.* Pour lui donner un son dur devant *e, i*, on met entre le *g* et l'*e* ou l'*i*, la voyelle *u* : *longueur, sanguinaire, guimauve.* Sans l'*u* on prononcerait *lonjeur, sanjinaire, jimauve.*

S placé entre deux voyelles, se prononce presque toujours comme *z* : *maison, poison, désarmer, risible, usure,* que l'on prononce comme s'il y avait *maizon, poizon, dézarmer, rizible, uzure.*

Dans la syllabe *trans* et suivi d'une voyelle, il se prononce encore comme *z* : *trans-action, transiger, transition.* Lorsqu'on veut lui donner sa prononciation naturelle entre deux voyelles, on le double : *moisson, poisson, puissant.* Cependant dans les mots composés dans lesquels le mot simple commence par *s*, l's conserve sa prononciation propre entre deux voyelles : *contresigner, vraisemblable, préséance.*

Ph se prononce comme *f* : *philosophie, physicien,* etc.

Ti dans le corps du mot, et suivi d'une voyelle, se prononce comme *ci* : *am-bition, patient, prophétie, minutie, affection.*

P et *B* ne suivent jamais la lettre *n*, mais presque toujours *m* : *camp, camper; plomb, plomber; champ, champêtre.*

Em suivi d'une consonne prend le son de *am* : *embarquer, empêcher,* etc.

DES SIGNES ORTHOGRAPHIQUES.

Il y a six espèces différentes de signes orthographiques:

1° Les Accents ;	3° La Cédille ;	5° Le Trait d'union ;
2° L'Apostrophe ;	4° Le Tréma ;	6° Les Parenthèses.

Les ACCENTS sont de petits signes que l'on trace sur les voyelles pour en varier le son. Il y en a de trois sortes différentes, qui sont:

1° L'Accent aigu (´), qui se fait de droite à gauche, que l'on met sur l'é fermé : *régénéré, répété*

2° L'Accent grave (`), qui se fait de gauche à droite, que l'on met sur l'é ouvert: *très, près, procès.*

3° L'Accent circonflexe (ˆ), qui se fait de la réunion des deux autres accents, que l'on met sur certaines voyelles pour annoncer qu'il faut appuyer plus long-temps que sur les autres en les prononçant : *pâte, tête, gîte, côte, flûte.*

L'APOSTROPHE (') est un petit signe que l'on met à la place d'une voyelle sup-primée : *L'homme* pour *le homme, l'utilité* pour *la utilité, s'il* vient pour *si il* vient.

La CÉDILLE (¸) est un petit signe que l'on place sous le *c* pour en adoucir la prononciation, devant les voyelles a, o, u : *façade, leçon, rançon, reçu.*

Le TRÉMA (¨) est un double point que l'on place sur une voyelle pour annoncer qu'on doit la prononcer séparément de la voyelle qui précède : *Moïse, païen, héroïque, ciguë.*

Le TRAIT D'UNION (–) est une petite ligne dont on se sert pour lier deux mots ensemble, de manière à n'en former qu'un seul : *chef-d'œuvre, avant-bras, cure-dents, porte-bouteilles.*

Les PARENTHÈSES ( ) sont des crochets qui servent à renfermer certains mots qui ne sont pas absolument nécessaires dans la phrase, mais qui servent cependant à en éclaircir le sens : Les lois lui confient (au roi) les peuples comme le plus précieux de tous les dépôts, à condition qu'il sera le père de ses sujets.

DE LA PONCTUATION.

La PONCTUATION est l'art d'indiquer, par des signes reçus, les pauses qu'exigent la distinction des sons et le besoin de respirer.

Le silence qui résulte de ces pauses, est non-seulement utile, mais il est encore la source d'une foule d'agréments. La manière dont on emploie les pauses augmente le charme du son ; de telle sorte qu'on pourrait dire que le langage est composé du son et du silence.

Les signes dont on se sert pour ponctuer, sont :

1° La Virgule ;	4° Le Point ;	7° Les Points de suspension ;
2° Le Point-Virgule ;	5° Le Point d'interrogation ;	8° Les Guillemets ;
3° Les deux Points ;	6° Le Point d'admiration ;	9° L'Alinéa.

La VIRGULE (,) se met après les Noms, les Adjectifs, les Verbes qui se suivent : *La candeur, la docilité, la simplicité, sont les vertus de l'enfance.* — *La charité est douce, patiente, bienfaisante.* — *Boire, manger, jouer, dormir, sont les occupations les plus ordinaires du grand monde.*

La Virgule sert encore à distinguer les différentes parties d'une phrase : *L'étude rend savant, et la réflexion rend sage.* — *A tous les discours qu'on peut tenir de moi, je préfère le témoignage de ma conscience.*

Le POINT-VIRGULE (;) se met entre deux phrases dont l'une dépend de l'autre. Ex. : *La douceur est à la vérité une vertu ; mais il ne faut pas qu'elle dégénère en faiblesse.*

Les DEUX POINTS (:) se mettent après une phrase finie, mais suivie d'une autre qui sert à l'étendre ou à l'éclaircir : *Il ne faut jamais se moquer des misérables : car qui peut se promettre d'être toujours heureux.*

On emploie encore les deux Points après une phrase qui annonce une citation :

Le chêne un jour dit au roseau :
Vous avez bien sujet d'accuser la nature :
Un roitelet, pour vous, est un pesant fardeau.

On met encore les deux Points entre deux phrases, lorsque la seconde sert de développement à la première, comme : *Il y a dans la nature de l'homme deux principes opposés : l'amour-propre qui nous rappelle à nous ; et la bienveillance qui nous répond.* (DIDEROT.)

Le POINT (.) se met à la fin des phrases, quand le sens est entièrement fini : *Le mensonge est le plus bas de tous les vices.*

Le POINT D'INTERROGATION (?) se met après toutes les phrases interrogatives. Exemple :

Dis-moi, qui de nous deux doit en ces lieux périr ?
Ai je quitté pour toi le trône et ma patrie ?
Le seul trépas est-il ta dernière ressource ?

Le POINT D'EXCLAMATION ou D'ADMIRATION (!) se met après les phrases qui expriment la surprise, la terreur, la pitié, la tendresse, la joie, etc. : *Oh ! si la sagesse était visible, de quel amour les hommes s'enflammeraient pour elle !* — *O suprême plaisir de pratiquer la vertu !* — *O mon fils ! ô ma joie ! ô l'espoir de mes jours !*

Les POINTS DE SUSPENSION (...) annoncent une interruption dans le discours ; ils s'emploient dans les grands mouvements de l'âme, lorsqu'on laisse échapper des phrases interrompues et sans suite. Ex. :

> Qu'entends-je ! en Élide ! ah ! peut-être.......
> L'Élide...... répondez...... Narbas vous est connu ;
> Le nom d'Égyste, au moins, jusqu'à vous est venu.
> Quel était votre état, votre rang, votre père ?

Les GUILLEMETS (« ») servent à indiquer les parties du discours que l'on emprunte aux autres, ou ce que l'on cite d'eux, ou que l'on suppose. Ils se mettent avant le premier mot («), après le dernier mot (»), ou au commencement de chaque ligne empruntée ou supposée :

> « Eh ! vous voilà ? Bonjour, dit-elle,
> « Que faites-vous ici seule sur un chemin ? » (Florian. Fable.)

Écrire à la ligne (ALINÉA), c'est abandonner la ligne où l'on vient de terminer une phrase, pour commencer une autre ligne.

La nouvelle ligne, pour devenir plus sensible, rentre un peu, et ne commence pas au niveau des autres.

PREMIÈRE PARTIE.

DES DIVERSES ESPÈCES DE MOTS.

La LANGUE FRANÇAISE se compose de six espèces différentes de mots :

1° Le Nom ;	3° L'Adjectif ;	5° Le Verbe (1) ;
2° L'Article ;	4° Le Pronom ;	6° Les Invariables.

La connaissance de ces diverses espèces de mots est d'une absolue nécessité pour toute personne qui veut apprendre l'orthographe.

.DE LA DÉFINITION.

La DÉFINITION est un discours propre à faire concevoir une chose telle qu'elle est, et à en donner une idée claire, nette, juste et distincte.

DÉFINITION DU NOM.

Le NOM est un mot qui sert à nommer ou à désigner un substantif, c'est-à-dire, un être ou un objet, soit matériel, comme *homme, enfant, cheval, maison, jardin, bosquet, fleur, rose,* etc. ; soit idéal, comme *la morale, la philosophie, la conscience, l'amitié, le bonheur.*

Il y a deux sortes de noms : le nom commun et le nom propre.

Le nom commun est celui qui convient généralement aux êtres ou aux objets de la même espèce. Ainsi :

---

(1) Le Participe, qui est une partie du Verbe et qui figure dans chaque Conjugaison, étant sujet à différentes variations, nous en ferons une espèce particulière de mots, que nous traiterons séparément du Verbe.

Homme est un nom commun, puisqu'il convient à tous les hommes.
Enfant est un nom commun, puisqu'il convient à tous les enfants.
Cheval est un nom commun, puisqu'il convient à tout cheval.
Maison est un nom commun, parce qu'il convient à une maison quelconque.

Le nom PROPRE est celui qui désigne en particulier une personne ou une chose, comme *Charles, Sophie, Ernest, Octavie, la France, Paris, la Moselle, Metz,* etc.

La première lettre de tout nom propre est toujours une majuscule.

Les noms sont susceptibles de GENRES et de NOMBRES.

Il y a en français deux genres : le MASCULIN et le FÉMININ.

Tout nom qui, en ne désignant qu'un être ou qu'un objet, est ou peut avec raison être précédé du mot LE ou du mot UN, est du genre MASCULIN : un *homme,* le *cheval,* un *jardin,* le *canif,* un *rosier,* le *mouton,* un *rossignol.*

Celui qui est ou peut être précédé du mot LA ou du mot UNE, est du genre FÉMININ : la *femme,* une *rose,* la *violette,* une *âme,* la *joie,* etc.

Il a aussi deux nombres : le SINGULIER et le PLURIEL.

Tout nom qui ne représente qu'un être ou qu'un objet, est au SINGULIER : *l'homme, la femme, une maison, un jardin, une âme, mon père, ton ami, son oiseau, cet arbre, ce canif,* etc.

Ceux qui représentent plusieurs êtres ou plusieurs objets, sont au PLURIEL : *les hommes, les enfants, des maisons, mes frères, les amis, ses oiseaux, ces rossignols,* etc.

DÉFINITION DE L'ARTICLE.

L'ARTICLE est un petit mot que l'on met devant un nom employé dans un sens déterminé, pour en faire connaître le genre et le nombre : le *jardin,* la *rose,* les *fleurs.*

On met :

LE devant un nom masculin singulier qui commence par une consonne : le *jardin,* le *rossignol,* le *printemps ;* ou L', si le nom commence par une voyelle ou l'*h* muet : l'*ami,* l'*homme,* l'*oiseau ;*

LA devant un nom féminin singulier qui commence par une consonne : la *rose,* la *ville,* la *violette,* la *fleur ;* ou L', quand le nom commence par une voyelle ou l'*h* muet : l'*amitié,* l'*histoire ;*

LES devant tous les noms pluriels, soit masculins, soit féminins : les *fruits,* les *arbres,* les *fleurs,* les *pommes,* les *oiseaux.*

DÉFINITION DE L'ADJECTIF.

L'ADJECTIF, qui signifie *ajouté,* et qui peut être des deux genres et des deux nombres, est un mot que l'on ajoute au nom pour exprimer la qualité ou l'état d'un être ou d'un objet. Exemples : *bon père, bonne mère, bons fils, bonnes filles, beau jardin, bel arbre, beaux fruits, belles fleurs,* etc., ou pour en déterminer la signification, comme : *ce rosier, cet homme, cette fleur, ces dames, mon père, ma mère, mes sœurs, un fruit, le second arbre,* etc. ; les mots *ce, cet, cette, ces, mon, ma, mes, un, second,* sont des Adjectifs qui déterminent la signification des noms auxquels ils sont joints.

Il y a cinq sortes d'Adjectifs, qui sont :

1° L'Adjectif qualificatif ;	3° L'Adjectif possessif ;	5° L'Adjectif indéfini.
2° L'Adjectif démonstratif ;	4° L'Adjectif numéral ;	

DE L'ADJECTIF QUALIFICATIF.

L'ADJECTIF QUALIFICATIF est celui qui se joint au nom pour marquer la qualité ou l'état d'un être ou d'un objet. Il prend toujours le genre et le nombre du nom qui répond à la question *qui est-ce qui est?* pour les êtres animés, et *qu'est-ce qui est?* pour les objets inanimés. Cette question se fait avec le mot qui est adjectif. Exemples :

Jules est instruit.			instruit?		C'est Jules qui est instruit.
Ces jeunes gens sont polis.	*Qui est-ce qui est*		poli?	*Réponse :*	Ce sont ces jeunes gens qui sont polis.
Cette demoiselle est douce.			douce?		C'est cette demoiselle qui est douce.
Ces demoiselles sont actives.			active?		Ce sont ces demoiselles qui sont actives.

Jules étant au masculin et au singulier, *instruit*, qui s'y rapporte, est aussi au masculin et au singulier. *Ces demoiselles* étant au féminin pluriel, *actives*, qui s'y rapporte, est aussi au féminin pluriel.

DE L'ADJECTIF DÉMONSTRATIF.

L'ADJECTIF DÉMONSTRATIF est un mot qui se joint toujours à un nom et qui sert à indiquer, à montrer l'être ou l'objet représenté par ce nom. Ex. : *Ce* papier, *cet* oiseau, *cette* rose, *ces* fleurs.

DE L'ADJECTIF POSSESSIF.

L'ADJECTIF POSSESSIF est un mot qui se joint à un nom, et qui sert à marquer la possession, la propriété de l'être ou de l'objet représenté par ce nom. Ex. : *Mon* père, *ton* frère, *son* cheval, etc.

DE L'ADJECTIF NUMÉRAL.

L'ADJECTIF NUMÉRAL est un mot qui se joint à un nom pour marquer le nombre des êtres ou des objets représentés par ce nom, comme *un* homme, *deux* enfants, *trois* arbres, *quatre* roses, *cinq* pommes ; ou pour marquer le rang que tient un être ou un objet parmi plusieurs autres êtres ou parmi plusieurs autres objets. Ex. : *Le premier* volume, *le second* moniteur, *le troisième* arbre, *le quatrième* jour du mois, etc. Ces derniers sont appelés adjectifs numéraux ordinaux, et les premiers se nomment adjectifs numéraux cardinaux.

DE L'ADJECTIF INDÉFINI.

L'ADJECTIF INDÉFINI est un mot qui se joint à un nom pour le déterminer d'une manière générale ou vague. Ex. : *Tous* les hommes, *plusieurs* personnes, *chaque* élève, *même* demoiselle, *tout* menteur, etc.

DÉFINITION DU PRONOM.

Le PRONOM est un mot que l'on met à la place du nom, pour en tenir lieu et pour en éviter la répétition.

Il y a cinq sortes de Pronoms, qui sont :

1° Les Pronoms personnels ;	3° Les Pronoms possessifs ;	5° Les Pronoms indéfinis.
2° Les Pronoms démonstratifs ;	4° Les Pronoms relatifs ;	

DES PRONOMS PERSONNELS.

Les PRONOMS PERSONNELS sont ceux qui désignent la personne qui parle d'elle-même ; la personne à qui l'on parle ; les êtres ou les objets desquels on parle. Ces pronoms peuvent représenter un ou plusieurs êtres, un ou plusieurs objets. Il y a trois personnes : la première personne est celle qui parle ; la seconde, celle à qui l'on parle ; la troisième, celle de qui l'on parle. Exemples :

Pour la première personne singulière, *je*, *me*, *moi*, au pluriel *nous*.

Pour la seconde personne au singulier, *tu*, *te*, *toi*, et *vous* au pluriel.

Pour la troisième personne singulière, *il*, *elle*, *le*, *la*, *lui*, *se*, *y*, *en* ; au pluriel *ils*, *elles*, *eux*, *les*, *leur*, *se*, *soi*, *y*, *en*, etc.

DES PRONOMS DÉMONSTRATIFS.

Les Pronoms démonstratifs sont des mots qui servent à indiquer, à montrer les êtres ou les objets dont ils remplacent le nom. Ex. : *Celui* que vous voyez ; *celui-ci* est préférable à *celui-là* ; *celle-ci* est meilleure que *celle-là* ; *ceux* que vous avez, sont plus chers que *ceux-ci*, et même que *ceux-là*.

DES PRONOMS POSSESSIFS.

Les Pronoms possessifs sont des mots qui expriment la propriété, la possession des êtres ou des objets dont ils représentent le nom. Ex. : *Le mien* est fort ; le *tien* est bon ; le *sien* coûte cher ; la *sienne* est très-belle ; la *tienne* coûte moins cher que la *mienne* ; les *siens* sont bons, mais les *nôtres* valent mieux, etc.

DES PRONOMS RELATIFS.

Les Pronoms relatifs sont des mots qui ont un rapport tout particulier avec un nom ou avec un autre pronom qui précède, et dont ils rappellent l'idée en le déterminant. Ex. : L'homme *qui* joue, le livre *que* je lis, les personnes avec *lesquelles* vous êtes allé, le cheval sur *lequel* tu étais monté, etc.

DES PRONOMS INDÉFINIS.

Les Pronoms indéfinis sont des mots qui représentent d'une manière générale ou vague les êtres ou les objets dont ils représentent le nom. Ex. : *On* est heureux quand *on* fait une bonne action ; *quelqu'un* appelle ; *personne* ne vient ; *nul* ne doit s'emparer du bien d'*autrui* ; *chacun* doit s'occuper, etc.

DÉFINITION DU VERBE.

Le VERBE est un mot par lequel on affirme l'existence ou l'action d'un être ou d'un objet dans un temps *passé*, ou *présent*, ou *à venir*. On reconnaît le Verbe parmi les autres espèces de mots, en ce qu'il est le seul qui peut être immédiatement précédé ou suivi d'un de ces mots : *hier* ou *autrefois*, *maintenant* ou *constamment*, *demain* ou *à l'avenir*. Exemples :

J'allais *hier* ou *autrefois* chez ce maître.

Nous allons *maintenant* ou *constamment* chez ce maître.

Vous travaillerez *demain* ou *à l'avenir* avec plus de soin.

Le verbe est susceptible de recevoir certains changements qui servent à faire connaître les *nombres*, les *personnes*, les *modes* et les *temps*. C'est par le moyen des terminaisons des verbes que l'on distingue tous ces changements.

Le nombre est la forme que prend le verbe, selon que l'affirmation retombe sur un sujet *singulier* ou *pluriel*.

Le sujet est le nom ou le pronom qui représente l'être ou l'objet dont on parle, et auquel on attribue, soit l'*action*, soit l'*état* exprimé par le verbe : on le trouve en faisant la question *qui est-ce qui ?* avec le mot qui est verbe. Exemples :

Je suis heureux.			*est* heureux ?		C'est *je* ou *moi*.
Tu écris une lettre.			*écrit* ?		C'est *tu* ou *toi*.
Sophie lit une histoire.			*lit* ?		C'est Sophie.
Octavie riait hier.	*Qui est-ce qui*		*riait* ?	*Réponse :*	C'est Octavie.
Jules étudie sa leçon.			*étudie* ?		C'est Jules.
Nous partirons demain.			*partira* ?		C'est *nous*.
Vous enchantâtes vos maîtres.			*enchanta* ?		C'est *vous*.
Elles vendirent les fruits.			*vendît* ?		Ce sont *elles*.

Nous voyons, par ce qui précède, que *je*, *tu*, *Sophie*, *Octavie*, *Jules*, sont les sujets *singuliers* des verbes *être*, *écrire*, *lire*, *rire*, *étudier;* et que *nous*, *vous*, *elles*, sont les sujets *pluriels* des verbes *partir*, *enchanter*, *vendre*.

Les pronoms *je*, *nous*, marquent la *première personne*, c'est-à-dire celle qui parle d'elle-même.

Les pronoms *tu*, *te*, *toi*, *vous*, marquent la *seconde personne*, c'est-à-dire celle à qui l'on parle.

Les pronoms *il*, *elle*, *ils*, *elles*, et les noms placés devant un verbe, indiquent la *troisième personne*, c'est-à-dire celle de qui l'on parle.

Nous venons de voir que le verbe est au même nombre et à la même personne que son sujet.

DES MODES ET DES TEMPS.

Les MODES sont des modifications ou variations du verbe, par lesquelles on désigne certaines circonstances qui accompagnent l'énonciation du fait exprimé par le verbe. Il y a en français quatre modes ou manières de signifier dans les verbes; ce sont :

1° L'*Indicatif;*		Vous *étudiez* avec fruit, parce que vous aimez l'étude.
2° Le *Conditionnel;*	*Exemples :*	Vous *étudieriez* avec fruit, si vous aimiez l'étude.
3° L'*Impératif;*		*Aimez* l'étude, et vous *étudierez* avec fruit.
4° Le *Subjonctif;*		Il importe que vous *aimiez* l'étude, pour que vous étudiiez.

Nota. L'*Infinitif* n'ayant aucun rapport de temps avec le Présent, le Passé et le Futur, peut être regardé comme un nom qui exprime une action ou un état : aimer, c'est avoir de l'amitié; finir, c'est mettre une fin; mentir, c'est dire un mensonge, etc.

Les *Participes* sont des espèces d'adjectifs appartenant aux verbes et qui modifient des noms. Il y en a de deux sortes : le *Participe présent*, comme *aimant*, *finissant*, *recevant*, *rendant;* l'autre est le *Participe passé*, qui concourt aux formes composées des temps passés : *aimé*, *fini*, *reçu*, *rendu*, etc.

On appelle TEMPS dans les verbes, les divers changements par lesquels on fait connaître si ce qui est exprimé par ces verbes, se rapporte au *passé*, au *présent* ou à *l'avenir*.

Je ferai connaître les *modes* et les *temps* dans la conjugaison des verbes.

DU COMPLÉMENT OU RÉGIME.

Le sujet uni au verbe ne forme pas toujours un sens complet, achevé dans une phrase; il faut quelquefois y ajouter un complément, qu'on appelle encore régime.

Le COMPLÉMENT OU RÉGIME est ce qu'on ajoute à un mot, pour en mieux déterminer la signification. Conséquemment le régime d'un verbe est ce qu'on ajoute à ce verbe pour compléter le sens de la phrase.

Les verbes ont deux sortes de régimes : le RÉGIME DIRECT, et le RÉGIME INDIRECT.

Le RÉGIME DIRECT est celui qui se joint au verbe sans le secours d'un mot invariable exprimé ou sous-entendu; c'est le mot sur lequel tombe directement l'action exprimée par le verbe, c'est l'être ou l'objet *aimé*, *acheté*, *fini*, *reçu*, *rendu*, s'il est question des verbes *aimer*, *acheter*, *finir*, *recevoir*, *rendre*.

Le RÉGIME INDIRECT est celui qui se joint au verbe par le moyen d'un mot invariable exprimé ou sous-entendu. C'est l'être ou l'objet de qui on *reçoit*, à qui on *donne*, à qui on *envoie*, à qui on *écrit*, pour qui on *achète*, si ce sont les verbes *recevoir*, *donner*, *envoyer*, *écrire*, *acheter*. Exemples :

SUJET.	VERBE.	RÉGIME DIRECT.	RÉGIME INDIRECT.
Je	partage	mon argent	avec Jules.
Tu	achettes	une cravatte	pour Jules.
Charles	promet	une récompense	à Jules.
Octavie	reçoit	une lettre	de sa sœur.
Nous	recevons	un présent	pour Caroline.
Vous	instruisez	vos enfants	avec de bons livres.
Ils	écrivent	des lettres	contre Alphonse.

DES DIFFÉRENTES SORTES DE VERBES.

Il y a cinq espèces différentes de verbes, qui sont :

1° Les Verbes actifs ;   3° Les Verbes neutres ;   5° Les Verbes impersonnels.
2° Les Verbes passifs ;   4° Les Verbes pronominaux ;

Les Verbes ACTIFS sont ceux qui peuvent recevoir un *régime direct* ; ainsi *aimer, acheter, planter, finir, recevoir, rendre, vendre, prendre*, etc., sont des verbes ACTIFS, parce qu'on peut dire *aimer quelqu'un, acheter quelque chose, planter un arbre, finir un ouvrage*, etc.

Les verbes PASSIFS sont ceux dans lesquels l'action est représentée comme *soufferte* ou *reçue* par le sujet.

Les verbes PASSIFS sont l'opposé des verbes ACTIFS. Dans un verbe ACTIF, le sujet fait l'action ; dans un verbe PASSIF, le sujet la reçoit. Exemples :

DES VERBES ACTIFS.			DES VERBES PASSIFS.		
J'	*aime*	mes enfants.	Mes enfants	*sont aimés*	par moi.
Tu	*achettes*	une maison.	Une maison	*est achetée*	par toi.
Il	*plante*	des arbres.	Des arbres	*sont plantés*	par lui.
Elle	*cueille*	une rose.	Une rose	*est cueillie*	par elle.
Nous	*finissons*	l'ouvrage.	L'ouvrage	*est fini*	par nous.
Vous	*recevez*	des fruits.	Des fruits	*sont reçus*	par vous.
Ils	*rendent*	l'argent.	L'argent	*est rendu*	par eux.
Elles	*vendent*	des fleurs.	Des fleurs	*sont vendues*	par elles.

Nous voyons, par ce qui précède, que le verbe ACTIF peut être changé en verbe PASSIF ; que le *régime direct* du verbe *actif* devient le *sujet* du verbe *passif*, et que le *sujet* du verbe *actif* devient le *régime indirect* du verbe *passif*. Ce dernier verbe est toujours formé du verbe auxiliaire ÊTRE et du participe passé d'un verbe *actif*.

Les verbes NEUTRES sont ceux qui ne peuvent avoir un *régime direct*, ni être changés en verbe *passif*. Le mot *neutre* signifie *ni l'un ni l'autre*. *Marcher, agir, dormir, venir, arriver, rester, languir*, etc., sont des verbes NEUTRES, parce qu'ils ne peuvent être suivis immédiatement d'un des mots *quelqu'un* ou *quelque chose*.

Les verbes PRONOMINAUX sont ceux qui se conjuguent avec un pronom de la même personne que le sujet. Il y a deux sortes de verbes *pronominaux* : les verbes *pronominaux réfléchis*, et les verbes *pronominaux réciproques*.

Les verbes PRONOMINAUX RÉFLÉCHIS sont ceux dont le sujet agit sur lui-même.

Les verbes PRONOMINAUX RÉCIPROQUES sont ceux qui sont accompagnés de différents sujets agissant les uns sur les autres. Ces derniers ne peuvent s'employer qu'au pluriel, attendu qu'il y a toujours plusieurs sujets.

Exemples des verbes pronominaux.

RÉFLÉCHIS.	RÉCIPROQUES.
Je *me* trompe.	Nous *nous* entr'aidons.
Tu *te* consoles.	Vous *vous* battez.
Sophie *se* loue.	Sophie et Caroline *se* battent.
Jules *se* condamne.	Charles et Eugénie *se* contrarient.
Nous *nous* ennuyons.	Nous *nous* chérissons.
Vous *vous* fâchez.	Vous *vous* entr'aidez.
Ils *se* chagrinent.	Ils ou elles *se* rendent des services.

Les verbes IMPERSONNELS sont ceux qui ne s'emploient dans tous les temps qu'à la troisième personne du singulier avec le pronom *il*, et de manière qu'on ne puisse remplacer ce pronom par un nom ou par un autre pronom.

Exemples.

	On ne peut pas dire :	
Il importe.		*J'importe* (1).
Il importerait.		*J'importerais.*
Il faudrait.		*Je faudrais.*
Il aurait fallu.		*Tu aurais fallu.*
Il eut fallu.		*Sophie eut fallu.*
Il faut.		*Nous faudrions.*
Il pleut.		*Vous pleuvez.*
Il pleuvait.		*Ils pleuvaient.*
Il résulte.		*Nous résultions.*
Il résultait.		*Charles résultait.*
Il résultera.		*Ernest résultera.*

On distingue quatre conjugaisons ou classes des verbes, que l'on distingue par la terminaison de l'infinitif.

La 1re a l'infinitif terminé en ER, comme *acheter.*
La 2me a l'infinitif terminé en IR, comme *finir.*
La 3me a l'infinitif terminé en OIR, comme *recevoir.*
La 4me a l'infinitif terminé en RE, comme *vendre.*

Le verbe AVOIR et le verbe ÊTRE servant à conjuguer tous les autres verbes dans leurs temps composés, nous commencerons par la conjugaison de ces deux verbes.

---

(1) *Importer* a deux significations différentes : *Importer*, verbe actif, faire venir des marchandises étrangères dans son pays ; *importer*, verbe impersonnel : *Il importe, il est important, avantageux de faire telle ou telle chose.*

VERBE AUXILIAIRE AVOIR.

Premier Mode. INDICATIF, *renferme huit temps.*

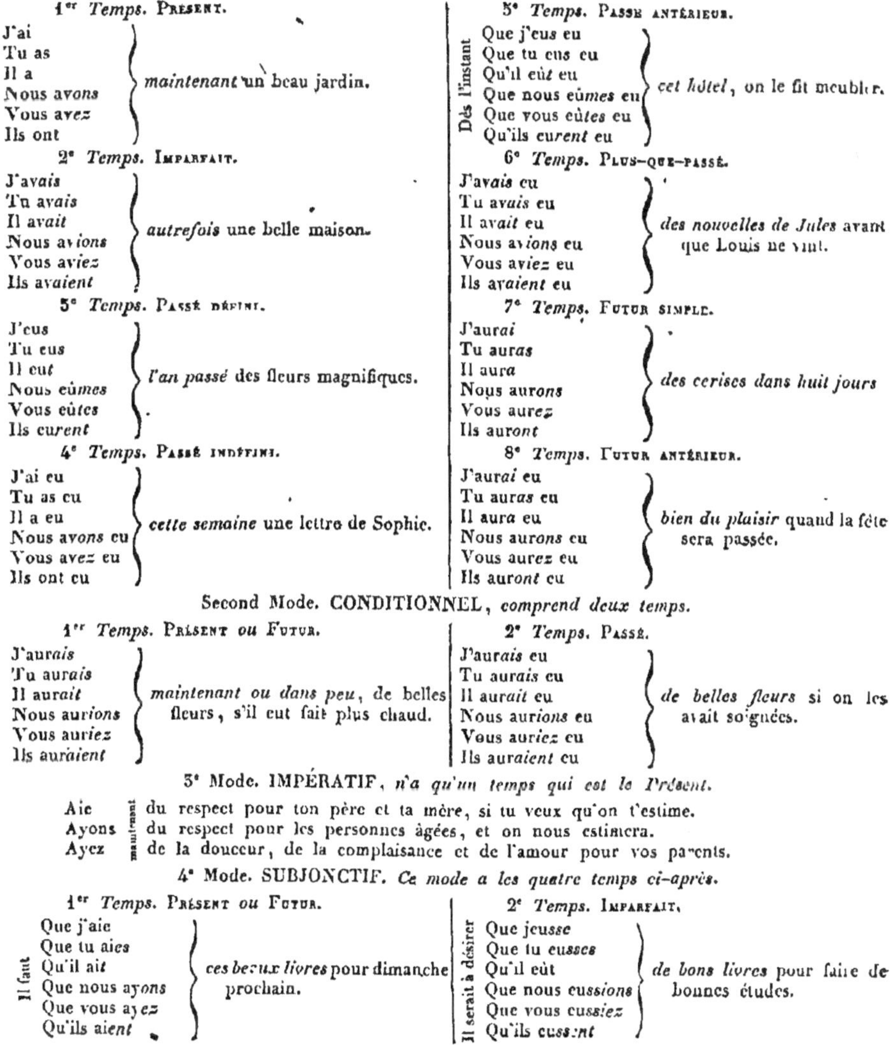

1er Temps. PRÉSENT.

J'ai
Tu as
Il a
Nous avons
Vous avez
Ils ont

} *maintenant* un beau jardin.

2e Temps. IMPARFAIT.

J'avais
Tu avais
Il avait
Nous avions
Vous aviez
Ils avaient

} *autrefois* une belle maison.

3e Temps. PASSÉ DÉFINI.

J'eus
Tu eus
Il eut
Nous eûmes
Vous eûtes
Ils eurent

} *l'an passé* des fleurs magnifiques.

4e Temps. PASSÉ INDÉFINI.

J'ai eu
Tu as eu
Il a eu
Nous avons eu
Vous avez eu
Ils ont eu

} *cette semaine* une lettre de Sophie.

5e Temps. PASSÉ ANTÉRIEUR.

Dès l'instant {
Que j'eus eu
Que tu eus eu
Qu'il eût eu
Que nous eûmes eu
Que vous eûtes eu
Qu'ils eurent eu

} *cet hôtel,* on le fit meubler.

6e Temps. PLUS-QUE-PASSÉ.

J'avais eu
Tu avais eu
Il avait eu
Nous avions eu
Vous aviez eu
Ils avaient eu

} *des nouvelles de Jules* avant que Louis ne vînt.

7e Temps. FUTUR SIMPLE.

J'aurai
Tu auras
Il aura
Nous aurons
Vous aurez
Ils auront

} *des cerises dans huit jours*

8e Temps. FUTUR ANTÉRIEUR.

J'aurai eu
Tu auras eu
Il aura eu
Nous aurons eu
Vous aurez eu
Ils auront eu

} *bien du plaisir* quand la fête sera passée.

Second Mode. CONDITIONNEL, *comprend deux temps.*

1er Temps. PRÉSENT ou FUTUR.

J'aurais
Tu aurais
Il aurait
Nous aurions
Vous auriez
Ils auraient

} *maintenant ou dans peu,* de belles fleurs, s'il eut fait plus chaud.

2e Temps. PASSÉ.

J'aurais eu
Tu aurais eu
Il aurait eu
Nous aurions eu
Vous auriez eu
Ils auraient eu

} *de belles fleurs* si on les avait soignées.

3e Mode. IMPÉRATIF, *n'a qu'un temps qui est le Présent.*

Aie
Ayons
Ayez
} maintenant {
du respect pour ton père et ta mère, si tu veux qu'on t'estime.
du respect pour les personnes âgées, et on nous estimera.
de la douceur, de la complaisance et de l'amour pour vos parents.

4e Mode. SUBJONCTIF. *Ce mode a les quatre temps ci-après.*

1er Temps. PRÉSENT ou FUTUR.

Il faut {
Que j'aie
Que tu aies
Qu'il ait
Que nous ayons
Que vous ayez
Qu'ils aient

} *ces beaux livres* pour dimanche prochain.

2e Temps. IMPARFAIT.

Il serait à désirer {
Que j'eusse
Que tu eusses
Qu'il eût
Que nous eussions
Que vous eussiez
Qu'ils eussent

} *de bons livres* pour faire de bonnes études.

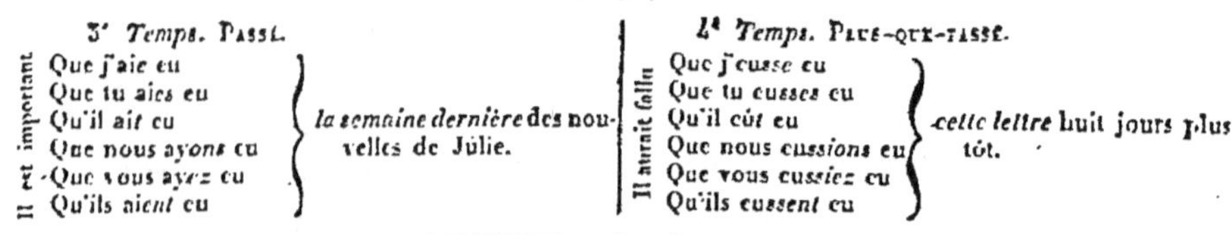

3ᵉ Temps. Passé.	**4ᵉ Temps. Plus-que-passé.**

Il est important Que j'aie eu / Que tu aies eu / Qu'il ait eu / Que nous ayons eu / Que vous ayez eu / Qu'ils aient eu } *la semaine dernière des nouvelles de Julie.*

Il aurait fallu Que j'eusse eu / Que tu eusses eu / Qu'il eût eu / Que nous eussions eu / Que vous eussiez eu / Qu'ils eussent eu } *cette lettre* huit jours plus tôt.

INFINITIF, *qui a deux temps.*

1ᵉʳ *Temps.* Présent. Avoir. | 2ᵉ *Temps.* Passé. Avoir eu.

PARTICIPES, *qui a également deux temps.*

1ᵉʳ *Temps.* Présent. Ayant. | 2ᵉ *Temps.* Passé. Eu, eue, ayant eu.

REMARQUE. Dans toutes les conjugaisons, on emploi l'Y lorsqu'on entend le son de deux *i* : ayons, ayez, ayant; qui sont pour ai-ions, ai-iez, ai-iant. Mais devant un E muet, où l'on n'entend que le son d'un *i*, on ne fait jamais usage de l'Y : aie, aies, ait, aient.

VERBE AUXILIAIRE ÊTRE.

INDICATIF.

Présent.

Je suis / Tu es / Il est / Nous sommes / Vous êtes / Ils sont } *maintenant ou constamment à la campagne.*

Passé antérieur.

Quand J'eus été / Tu eus été / Il eut été / Nous eûmes été / Vous eûtes été / Ils eurent été } *à la campagne*, nous partîmes pour Paris.

Imparfait.

J'étais / Tu étais / Il était / Nous étions / Vous étiez / Ils étaient } *autrefois ou la semaine dernière à la campagne.*

Plus-que-passé.

J'avais été / Tu avais été / Il avait été / Nous avions été / Vous aviez été / Ils avaient été } *à la campagne quand Ernest arriva.*

Passé défini.

Je fus / Tu fus / Il fut / Nous fûmes / Vous fûtes / Ils furent } *plus studieux l'an dernier que cette année.*

Futur simple.

Je serai / Tu seras / Il sera / Nous serons / Vous serez / Ils seront } *plus studieux l'année prochaine.*

Passé indéfini.

J'ai été / Tu as été / Il a été / Nous avons été / Vous avez été / Ils ont été } *toute l'année à la campagne.*

Futur antérieur.

J'aurai été / Tu auras été / Il aura été / Nous aurons été / Vous aurez été / Ils auront été } *plus heureux cette année que l'année dernière.*

CONDITIONNEL.

PRÉSENT *ou* FUTUR.		PASSÉ.	
Je serais		J'aurais été	
Tu serais		Tu aurais été	
Il serait	} maintenant ou à l'avenir plus instruit ou plus instruits.	Il aurait été	} à la campagne s'il eût fait beau.
Nous serions		Nous aurions été	
Vous seriez		Vous auriez été	
Ils seraient		Ils auraient été	

IMPÉRATIF.

Sois   plus soumis et plus studieux, si tu veux qu'on t'aime.
Soyons plus dociles aux leçons de notre maître.
Soyez   moins légers, et vous apprendrez mieux.

SUBJONCTIF.

	PRÉSENT *ou* FUTUR.			PASSÉ.	
Il est important	Que je sois		Il est important	Que j'aie été	
	Que tu sois			Que tu aies été	
	Qu'il soit	} à la campagne pour dimanche prochain.		Qu'il ait été	} à la campagne aujourd'hui.
	Que nous soyons			Que nous ayons été	
	Que vous soyez			Que vous ayez été	
	Qu'ils soient			Qu'ils aient été	

	IMPARFAIT.			PLUS-QUE-PASSÉ.	
Il serait utile	Que je fusse		Il aurait fallu	Que j'eusse été	
	Que tu fusses			Que tu eusses été	
	Qu'il fût	} à la campagne maintenant.		Qu'il eût été	} moins paresseux, tout serait fini.
	Que nous fussions			Que nous eussions été	
	Que vous fussiez			Que vous eussiez été	
	Qu'ils fussent			Qu'ils eussent été	

INFINITIF

PRÉSENT. Être.	PASSÉ. Avoir été.

PARTICIPES

PRÉSENT. Étant.	PASSÉ. Été, ayant été.

REMARQUE. Dans les verbes Pronominaux, le verbe *ÉTRE* est employé pour le verbe *AVOIR;*

EXEMPLE :

Je me suis empressé,			j'ai empressé *moi.*
Tu t'es trompé,			tu as trompé *toi.*
Il s'est enrichi,	} mis pour	{	il a enrichi *lui (soi).*
Nous nous sommes réunis,			nous avons réuni *nous.*
Vous vous êtes amusés.			vous avez amusé *vous.*
Ils se sont rassemblés,			ils ont rassemblé *eux (soi).*

Modèle pour tous les Verbes de la première Conjugaison, dont l'Infinitif est en ER.

INDICATIF.

Ce Mode renferme les huit temps ci-après; il sert à énoncer d'une manière positive qu'une chose est ou se fait maintenant, ou qu'elle a été ou s'est faite dans un temps passé, ou qu'elle sera ou se fera dans un temps qui n'est pas encore.

1er Temps. PRÉSENT,

Qui marque que la chose est ou se fait maintenant ou habituellement.

J' achette
Tu achettes
Il achette } *maintenant ou constamment de*
Nous achetons } *beaux pots de fleurs.*
Vous achetez
Ils achettent

2e Temps. IMPARFAIT,

Qui marque un état, une manière d'être habituelle dans un temps passé, ou qu'une chose se faisait dans le moment où une autre avait lieu.

J' achetais
Tu achetais
Il achetait } *autrefois ou quand Sophie vint*
Nous achetions } *ces belles fleurs.*
Vous achetiez
Ils achetaient

3e Temps. PASSÉ DÉFINI,

Qui marque une chose faite dans un temps entièrement passé.

J' achetai
Tu achetas
Il acheta } *le mois ou l'an passé ce beau*
Nous achetâmes } *petit mouton.*
Vous achetâtes
Ils achetèrent

4e Temps. PASSÉ INDÉFINI,

Qui marque une chose faite dans un temps qu'on ne désigne pas, ou dans un temps désigné, mais qui n'est pas tout-à-fait écoulé, ou qui l'est entièrement.

J'ai acheté
Tu as acheté
Il a acheté } *cette maison, l'an dernier ou cette*
Nous avons acheté } *année, pour nous loger.*
Vous avez acheté
Ils ont acheté

5e Temps. PASSÉ ANTÉRIEUR,

Qui marque une action faite avant une autre dans un temps passé.

Que j'eus acheté
Que tu eus acheté
Qu'il eut acheté } *ces belles fleurs elles*
Que nous eûmes acheté } *vinrent très-bien.*
Que vous eûtes acheté
Qu'ils eurent acheté

Dès l'instant

6e Temps. PLUS-QUE-PASSÉ,

Ainsi nommé parce qu'il exprime doublement le passé, marque une chose qui était déjà achevée quand celle dont on parle a eu lieu.

J'avais acheté
Tu avais acheté
Il avait acheté } *ces petits oiseaux quand*
Nous avions acheté } *Rosine vint nous voir.*
Vous aviez acheté
Ils avaient acheté

7e Temps. FUTUR SIMPLE,

Qui indique qu'une chose sera ou se fera à une époque où l'on n'est pas encore.

J' achetterai
Tu achetteras
Il achettera } *aujourd'hui ou demain*
Nous achetterons } *un jardin.*
Vous achetterez
Ils achetteront

8e Temps. FUTUR ANTÉRIEUR,

Qui marque une chose qui doit se faire, mais qui sera achevée pour l'époque à venir qu'on désigne.

J'aurai acheté
Tu auras acheté
Il aura acheté } *de l'étoffe rose tendre*
Nous aurons acheté } *pour demain matin.*
Vous aurez acheté
Ils auront acheté

CONDITIONNEL.

Ce mode indique ordinairement une supposition, que quelque chose se ferait ou se serait faite moyennant une condition; il comprend les deux temps ci-après.

1er Temps. Présent ou Futur.		2e Temps. Passé.	
J' achetterais		J'aurais acheté	
Tu achetterais		Tu aurais acheté	
Il achetterait	cette maison, si elle était à vendre.	Il aurait acheté	ces belles fleurs, si elles eussent été à vendre.
Nous achetterions		Nous aurions acheté	
Vous achetteriez		Vous auriez acheté	
Ils achetteraient		Ils auraient acheté	

IMPÉRATIF.

Ce mode marque le désir, la volonté, le commandement de celui qui parle ; il n'a qu'un temps, qui est le présent.

Achette   de bons livres, si tu veux t'instruire.
Achetons   cette maison, nous serons logés commodément.
Achetez   ce beau jardin, si vous voulez en avoir les agréments.

SUBJONCTIF.

Ce mode, qui dépend toujours d'un verbe précédent exprimé ou sous-entendu, sans lequel il ne peut former un sens complet, marque l'incertitude, le plaisir, le commandement et le désir. Il comprend les quatre temps ci-après :

1er Temps. Présent ou Futur.		3e Temps. Passé.	
Que j' achette		Que j'aie acheté	
Que tu achettes		Que tu aies acheté	
Qu'il achette	maintenant d'autres livres.	Qu'il ait acheté	cette maison.
Que nous achetions		Que nous ayons acheté	
Que vous achetiez		Que vous ayez acheté	
Qu'ils achettent		Qu'ils aient acheté	

On veut / On désirait

2e Temps. Imparfait.		4e Temps. Plus-que-passé.	
Que j' achetasse		Que j'eusse acheté	
Que tu achetasses		Que tu eusses acheté	
Qu'il achetât	d'autres plumes.	Qu'il eût acheté	ces livres plus tôt.
Que nous achetassions		Que nous eussions acheté	
Que vous achetassiez		Que vous eussiez acheté	
Qu'ils achetassent		Qu'ils eussent acheté	

On voulait / Il aurait fallu

INFINITIF.

Qui exprime l'état ou l'action, sans déterminer les nombres ni les personnes.

Présent. Acheter.   Passé. Avoir acheté.

PARTICIPES

Présent. Achetant.   Passé. Acheté, achetée, ayant acheté.

OBSERVATIONS SUR QUELQUES VERBES.

On double la consonne l, t, n, avant la dernière syllabe, aux temps qui finissent par l'E muet, dans les verbes suivants et semblables.

Appeler,	j'appelle,	j'appelai.
Renouveler,	je renouvellerai,	je renouvelais.
Jeter,	il jetterait,	Il jeta.
Acheter,	ils achetteront,	nous achetâmes.
Prendre,	elles prennent,	prenant.
Venir,	que je vienne,	je venais.

Modèle pour tous les Verbes de la seconde Conjugaison en IR.

INDICATIF.

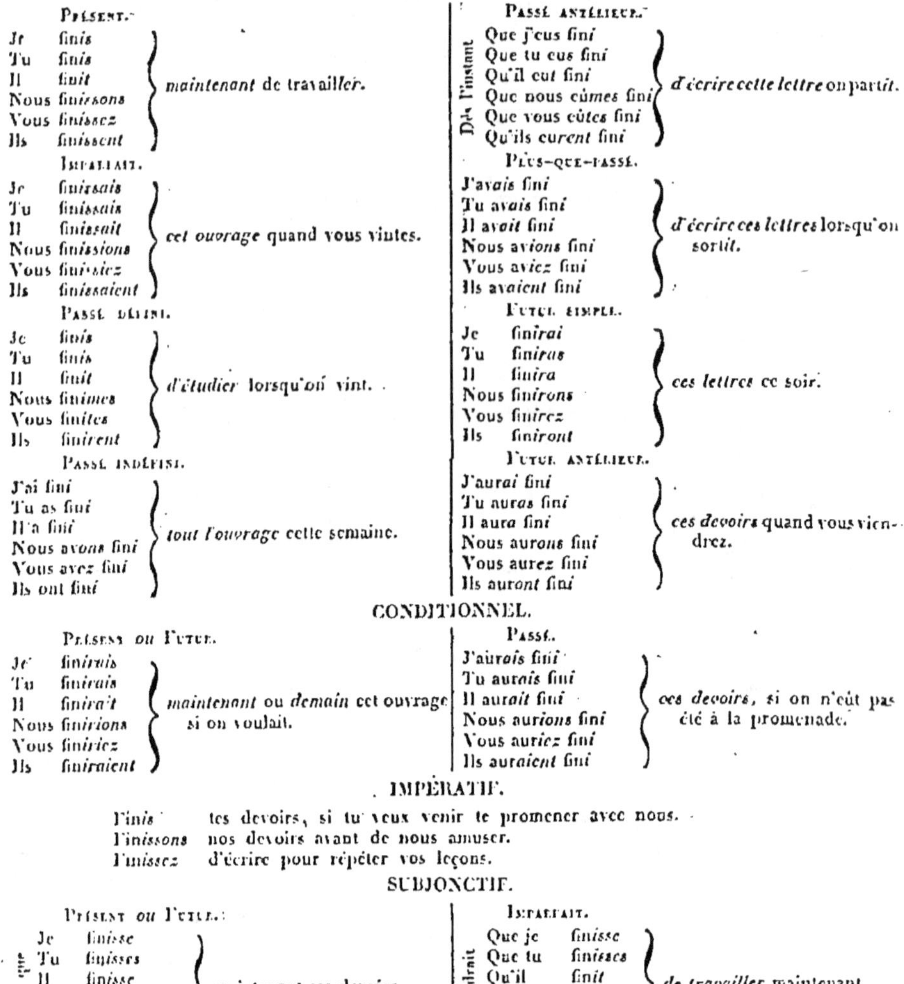

Présent.

Je	finis
Tu	finis
Il	finit
Nous	finissons
Vous	finissez
Ils	finissent

} *maintenant* de travailler.

Passé antérieur.

Dès l'instant

Que j'eus fini
Que tu eus fini
Qu'il eut fini
Que nous eûmes fini
Que vous eûtes fini
Qu'ils eurent fini

} *d'écrire cette lettre* on partit.

Imparfait.

Je	finissais
Tu	finissais
Il	finissait
Nous	finissions
Vous	finissiez
Ils	finissaient

} *cet ouvrage* quand vous vîntes.

Plus-que-passé.

J'avais fini
Tu avais fini
Il avait fini
Nous avions fini
Vous aviez fini
Ils avaient fini

} *d'écrire ces lettres* lorsqu'on sortit.

Passé défini.

Je	finis
Tu	finis
Il	finit
Nous	finîmes
Vous	finîtes
Ils	finirent

} *d'étudier* lorsqu'on vint.

Futur simple.

Je	finirai
Tu	finiras
Il	finira
Nous	finirons
Vous	finirez
Ils	finiront

} *ces lettres* ce soir.

Passé indéfini.

J'ai fini
Tu as fini
Il a fini
Nous avons fini
Vous avez fini
Ils ont fini

} *tout l'ouvrage* cette semaine.

Futur antérieur.

J'aurai fini
Tu auras fini
Il aura fini
Nous aurons fini
Vous aurez fini
Ils auront fini

} *ces devoirs* quand vous viendrez.

CONDITIONNEL.

Présent ou Futur.

Je	finirais
Tu	finirais
Il	finirait
Nous	finirions
Vous	finiriez
Ils	finiraient

} *maintenant* ou *demain* cet ouvrage si on voulait.

Passé.

J'aurais fini
Tu aurais fini
Il aurait fini
Nous aurions fini
Vous auriez fini
Ils auraient fini

} *ces devoirs,* si on n'eût pas été à la promenade.

IMPÉRATIF.

Finis   tes devoirs, si tu veux venir te promener avec nous.
Finissons   nos devoirs avant de nous amuser.
Finissez   d'écrire pour répéter vos leçons.

SUBJONCTIF.

Présent ou Futur.

Il faut que

Je	finisse
Tu	finisses
Il	finisse
Nous	finissions
Vous	finissiez
Ils	finissent

} *maintenant* ces devoirs.

Imparfait.

Il faudrait

Que je	finisse
Que tu	finisses
Qu'il	finît
Que nous	finissions
Que vous	finissiez
Qu'ils	finissent

} *de travailler* maintenant.

<table>
<tr><td colspan="2">Passé.</td><td colspan="2">Plus-que-passé.</td></tr>
<tr>
<td rowspan="6" style="writing-mode:vertical-rl">Il est important</td>
<td>
Que j'aie fini
Que tu aies fini
Qu'il ait fini
Que nous ayons fini
Que vous ayez
Qu'ils aient fini
</td>
<td>} cette besogne aujourd'hui.</td>
<td rowspan="6" style="writing-mode:vertical-rl">Il aurait fallu</td>
<td>
Que j'eusse fini
Que tu eusses fini
Qu'il eût fini
Que nous eussions fini
Que vous eussiez fini
Qu'ils eussent fini
</td>
<td>} ces lettres plus tôt.</td>
</tr>
</table>

INFINITIF

Présent *ou* **Futur.** *Il faut,* ou *il faudra* finir. | **Passé.** *Il faut avoir* fini.

PARTICIPES

Présent. Finissant. | **Passé.** Fini, finie, ayant fini.

Le verbe *BENIR* a deux Participes passés : *Bénit, bénite,* sont des adjectifs qui se disent de certaines choses sur lesquelles il y a aspersion d'eau bénite, et une consécration telle, que l'objet *bénit* change en quelque sorte de caractère.

Conservez avec foi les rameaux bénits.

Si à la suite de la bénédiction donnée par le prêtre, il n'y a point de consécration proprement dite, *béni* s'écrit généralement sans *t.*

Nos sueurs mêmes avaient des charmes lorsqu'elles étaient essuyées par une tendre épouse et bénies par la religion. (CHATEAUBRIANT.)

Lorsque *béni* est précédé du verbe *avoir*, ou quand il exprime quelque idée d'action, il s'écrit sans *t.* Exemples :

L'eau que le prêtre a *bénie* ce matin est *bénite.*
Les couronnes que le prêtre a *bénies* ce matin sont *bénites.*

MODÈLE pour tous les Verbes de la troisième conjugaison dont l'Infinitif est en OIR.

INDICATIF.

<table>
<tr><td colspan="2">Présent.</td><td></td><td colspan="2">Passé indéfini.</td><td></td></tr>
<tr>
<td>
Je   reçois
Tu   reçois
Il   reçoit
Nous recevons
Vous recevez
Ils   reçoivent
</td>
<td>} tous les mois leurs appointemens.</td>
<td></td>
<td>
J'ai reçu
Tu as reçu
Il a reçu
Nous avons reçu
Vous avez reçu
Ils ont reçu
</td>
<td>} de l'argent aujourd'hui.</td>
<td></td>
</tr>
<tr><td colspan="2">Imparfait.</td><td></td><td colspan="2">Passé antérieur.</td><td></td></tr>
<tr>
<td>
Je   recevais
Tu   recevais
Il   recevait
Nous recevions
Vous receviez
Ils   recevaient
</td>
<td>} cet argent lorsque vous vîntes.</td>
<td style="writing-mode:vertical-rl">Dès l'instant</td>
<td>
Que j'eus reçu
Que tu eus reçu
Qu'il eût reçu
Que nous eûmes reçu
Que vous eûtes reçu
Qu'ils eurent reçu
</td>
<td>} cet argent on le paya.</td>
<td></td>
</tr>
<tr><td colspan="2">Passé défini.</td><td></td><td colspan="2">Plus-que-passé.</td><td></td></tr>
<tr>
<td>
Je   reçus
Tu   reçus
Il   reçut
Nous reçûmes
Vous reçûtes
Ils   reçurent
</td>
<td>} de belles oranges l'an passé.</td>
<td></td>
<td>
J'avais reçu
Tu avais reçu
Il avait reçu
Nous avions reçu
Vous aviez reçu
Ils avaient reçu
</td>
<td>} ces livres lorsque Jules vint.</td>
<td></td>
</tr>
</table>

	FUTUR SIMPLE.			FUTUR ANTÉRIEUR.	
Je	recevrai	}	J'aurai reçu	}
Tu	recevras	} *aujourd'hui une lettre d'Octavie.*	Tu auras reçu	}
Il	recevra	}	Il aura reçu	} *une réponse pour demain.*
Nous	recevrons	}	Nous aurons reçu	}
Vous	recevrez	}	Vous aurez reçu	}
Ils	recevront	}	Ils auront reçu	}

CONDITIONNEL.

	PRÉSENT ou FUTUR.			PASSÉ.	
Je	recevrais	}	J'aurais reçu	}
Tu	recevrais	} *des nouvelles de Jules s'il vivait*	Tu aurais reçu	}
Il	recevrait	} *encore.*	Il aurait reçu	} *cette lettre plus tôt si le temps*
Nous	recevrions	}	Nous aurions reçu	} *eût été beau.*
Vous	recevriez	}	Vous auriez reçu	}
Ils	recevraient	}	Ils auraient reçu	}

IMPÉRATIF.

Reçois   ces livres comme un souvenir de mon amitié.
Recevons avec reconnaissance les sages avis de notre maître.
Recevez, s'il vous plaît, les vœux que je fais pour votre bonheur.

SUBJONCTIF.

	PRÉSENT ou FUTUR.			PASSÉ.	
Il importe	Que je reçoive	}	Que j'aie reçu	}
	Que tu reçoives	}	Que tu aies reçu	}
	Qu'il reçoive	} *cette somme aujourd'hui ou*	Qu'il ait reçu	}
	Que nous recevions	} *demain.*	Que nous ayons reçu	} *ces lettres aujourd'hui.*
	Que vous receviez	}	Que vous ayez reçu	}
	Qu'ils reçoivent	}	Qu'ils aient reçu	}

	IMPARFAIT.			PLUS-QUE-PASSÉ.	
Il serait utile	Que je reçusse	}	Que j'eusse reçu	}
	Que tu reçusses	}	Que tu eusses reçu	}
	Qu'il reçût	} *cette somme aujourd'hui.*	Qu'il eût reçu	}
	Que nous reçussions	}	Que nous eussions reçu	} *ces lettres plus tôt.*
	Que vous reçussiez	}	Que vous eussiez reçu	}
	Qu'ils reçussent	}	Qu'ils eussent reçu	}

INFINITIF.

PRÉSENT ou FUTUR. Il faut, il faudra recevoir. | PASSÉ. avoir reçu.

PARTICIPES.

PRÉSENT. Recevant. | PASSÉ. Reçu, reçue, ayant reçu.

4

MODÈLE pour tous les Verbes de la quatrième conjugaison dont l'Infinitif est en RE.

INDICATIF.

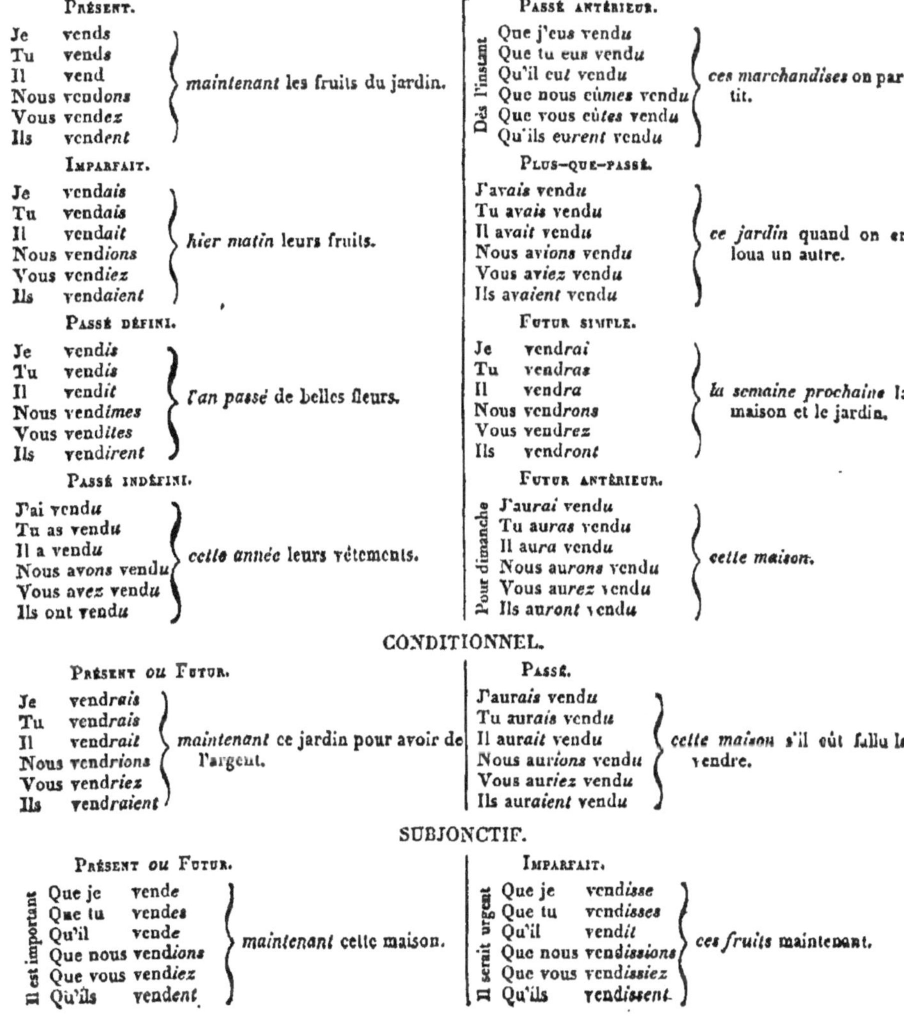

PRÉSENT.

Je	vends
Tu	vends
Il	vend
Nous	vendons
Vous	vendez
Ils	vendent

} *maintenant* les fruits du jardin.

PASSÉ ANTÉRIEUR.

Dès l'instant
Que j'eus vendu
Que tu eus vendu
Qu'il eut vendu
Que nous eûmes vendu
Que vous eûtes vendu
Qu'ils eurent vendu

} *ces marchandises* on partit.

IMPARFAIT.

Je	vendais
Tu	vendais
Il	vendait
Nous	vendions
Vous	vendiez
Ils	vendaient

} *hier matin* leurs fruits.

PLUS-QUE-PASSÉ.

J'avais vendu
Tu avais vendu
Il avait vendu
Nous avions vendu
Vous aviez vendu
Ils avaient vendu

} *ce jardin* quand on en loua un autre.

PASSÉ DÉFINI.

Je	vendis
Tu	vendis
Il	vendit
Nous	vendîmes
Vous	vendîtes
Ils	vendirent

} *l'an passé* de belles fleurs.

FUTUR SIMPLE.

Je	vendrai
Tu	vendras
Il	vendra
Nous	vendrons
Vous	vendrez
Ils	vendront

} *la semaine prochaine* la maison et le jardin.

PASSÉ INDÉFINI.

J'ai vendu
Tu as vendu
Il a vendu
Nous avons vendu
Vous avez vendu
Ils ont vendu

} *cette année* leurs vêtements.

FUTUR ANTÉRIEUR.

Pour dimanche
J'aurai vendu
Tu auras vendu
Il aura vendu
Nous aurons vendu
Vous aurez vendu
Ils auront vendu

} *cette maison.*

CONDITIONNEL.

PRÉSENT ou FUTUR.

Je	vendrais
Tu	vendrais
Il	vendrait
Nous	vendrions
Vous	vendriez
Ils	vendraient

} *maintenant* ce jardin pour avoir de l'argent.

PASSÉ.

J'aurais vendu
Tu aurais vendu
Il aurait vendu
Nous aurions vendu
Vous auriez vendu
Ils auraient vendu

} *cette maison* s'il eût fallu la vendre.

SUBJONCTIF.

PRÉSENT ou FUTUR.

Il est important
Que je	vende
Que tu	vendes
Qu'il	vende
Que nous	vendions
Que vous	vendiez
Qu'ils	vendent

} *maintenant* cette maison.

IMPARFAIT.

Il serait urgent
Que je	vendisse
Que tu	vendisses
Qu'il	vendît
Que nous	vendissions
Que vous	vendissiez
Qu'ils	vendissent

} *ces fruits* maintenant.

Passé.

Il est important {
Que j'aie vendu
Que tu aies vendu
Qu'il ait vendu
Que nous ayons vendu
Que vous ayez vendu
Qu'ils aient vendu
} ces bons fruits.

Plus-que-Passé.

Il était temps {
Que j'eusse vendu
Que tu eusses vendu
Qu'il eût vendu
Que nous eussions vendu
Que vous eussiez vendu
Qu'ils eussent vendu
} ces chevaux.

INFINITIF.

Présent ou Futur. Il faut, il faudra vendre cette maison | Passé. Après avoir vendu cette maison.

PARTICIPES.

Présent. Vendant cette maison. | Passé. Vendu, vendue, ayant vendu cette maison.

OBSERVATION SUR LES VERBES DE LA QUATRIÈME CONJUGAISON.

Pour connaître les terminaisons des trois personnes singulières du présent de l'indicatif des verbes de la quatrième conjugaison, il faut consulter la finale du participe passé. Si cette finale n'est pas un *t*, il faut écrire, à ces trois personnes singulières, *ds*, *ds*, *d* : *je rends, tu rends, il rend* ; *je confonds, tu confonds, il confond* ; *je vends, tu vends, il vend* ; *j'attends, tu attends, il attend*, à cause des participes passés *rendu, confondu, vendu, attendu*. Si au contraire la finale du participe passé est un *t*, il faut *s*, *s*, *t* : *je plains, tu plains, il plaint* ; *je joins, tu joins, il joint*, à cause des participes passés *plaint, joint*, dont la finale est *t*.

FORMATION DES TEMPS.

On divise les temps des verbes en temps PRIMITIFS et en temps DÉRIVÉS.

Les temps PRIMITIFS sont ceux qui servent à former tous les autres ; ils sont au nombre de cinq : Le présent de l'infinitif, le participe présent, le participe passé, le présent de l'indicatif, le passé défini.

Exemples pour les quatre Conjugaisons.

Infinitif Présent.	Participe Présent.	Participe Passé.	Présent de l'Indicatif.	Passé Défini.
Achet *er*.	Achet *ant*.	Achet *é*.	J'achèt *te*.	J'achet *ai*.
Fin *ir*.	Fin *issant*.	Fin *i*.	Je fin *is*.	Je fin *is*.
Recev *oir*.	Recev *ant*.	Reç *u*.	Je reç *ois*.	Je reç *us*.
Vend *re*.	Vend *ant*.	Vend *u*.	Je vend *s*.	Je vend *is*.

Les temps DÉRIVÉS sont ceux qui sont formés des temps primitifs.

On appelle IRRÉGULIERS les verbes dont les terminaisons ne suivent pas, dans tous les temps et tous les modes, celles du verbe qui leur sert de modèle.

Plusieurs de ces verbes ne sont pas usités à certains temps et à certaines personnes.

Les irrégularités d'un verbe n'existent que dans les temps simples.

CONJUGAISON DES TEMPS SIMPLES

INDICATIF.			CONDITIONNEL	IMPÉRATIF.
PRÉSENT.	PASSÉ DÉFINI.	FUTUR SIMPLE.	PRÉSENT *ou* FUTUR.	PRÉSENT.
PREMIÈRE				
Je vais.	J'allai.	J'irai.	J'irais.	Va, vas-y.
J'envoie.	J'envoyai.	J'enverrai.	J'enverrais.	Envoie.
SECONDE				
J'acquiers.	J'acquis.	J'acquerrai.	J'acquerrais.	Acquiers.
Je bous.	Je bouillis.	Je bouillirai.	Je bouillirais.	Bous.
Je cours.	Je courus.	Je courrai.	Je courrais.	Cours.
Je cueille.	Je cueillis.	Je cueillerai.	Je cueillerais.	Cueille.
Je dors.	Jè dormis.	Je dormirai.	Je dormirais.	Dors.
Je fuis.	Je fuis.	Je fuirai.	Je fuirais.	Fuis.
Je mens.	Je mentis.	Je mentirai.	Je mentirais.	Mens.
Je meurs.	Je mourus.	Je mourrai.	Je mourrais.	Meurs.
J'offre.	J'offris.	J'offrirai.	J'offrirais.	Offre.
J'ouvre.	J'ouvris.	J'ouvrirai.	J'ouvrirais.	Ouvre.
Je pars.	Je partis.	Je partirai.	Je partirais.	Pars.
Je sens.	Je sentis.	Je sentirai.	Je sentirais.	Sens.
Je sors.	Je sortis.	Je sortirai.	Je sortirais.	Sors.
Je tressaille.	Je tressaillis.	Je tressaillirai.	Je tressaillirais.	Tressaille.
Je tiens.	Je tins.	Je tiendrai.	Je tiendrais.	Tiens.
Je viens.	Je vins.	Je viendrai.	Je viendrais	Viens.
Je vêts.	Je vêtis.	Je vêtirai.	Je vêtirais.	Vêts.
TROISIÈME				
J'ai.	J'eus.	J'aurai.	J'aurais.	Aie.
Je dois.	Je dus.	Je devrai.	Je devrais.	. . . .
Je déchois.	Je déchus.	Je déchoirai.	Je déchoirais.	Déchois.
Il faut.	Il fallut.	Il faudra.	Il faudrait.	. . . .
Il pleut.	Il plut.	Il pleuvra.	Il pleurrait.	. . . .
Je m'assieds.	Je m'assis.	Je m'assiérai.	Je m'assiérais.	Assied-toi.
Je sais.	Je sus.	Je saurai.	Je saurais.	Sache.
Je meus.	Je mus.	Je mouvrai.	Je mouvrais.	Meus.
Je puis.	Je pus.	Je pourrai.	Je pourrais.	. . . .
Je pourvois.	Je pourvus.	Je pourvoirai.	Je pourvoirais.	Pourvois.
Je vaux.	Je valus.	Je vaudrai.	Je vaudrais.	. . . .
Je vois.	Je vis.	Je verrai.	Je verrais.	Vois.

DES VERBES IRRÉGULIERS.

SUBJONCTIF.		INFINITIF.	PARTICIPES	
Présent.	Imparfait.	Présent ou Futur.	Présent.	Passé.

CONJUGAISON.

| Que j'aille. | Que j'allasse. | Aller. | Allant. | Allé. |
| Que j'envoie. | Que j'envoyasse. | Envoyer. | Envoyant. | Envoyé. |

CONJUGAISON.

Que j'acquière.	Que j'acquisse.	Acquérir.	Acquérant.	Acquis – e.
Que je bouille.	Que je bouillisse.	Bouillir.	Bouillant.	Bouilli.
Que je coure.	Que je courusse.	Courir.	Courant.	Couru.
Que je cueille.	Que je cueillisse.	Cueillir.	Cueillant.	Cueilli.
Que je dorme.	Que je dormisse.	Dormir.	Dormant.	Dormi.
Que je fuie.	Que je fuyasse.	Fuir.	Fuyant.	Fui.
. . . .	Que je mentisse.	Mentir.	Mentant.	Menti.
Que je meure.	Que je mourusse.	Mourir.	Mourant.	Mort.
Que j'offre.	Que j'offrisse.	Offrir.	Offrant.	Offert.
Que j'ouvre.	Que j'ouvrisse.	Ouvrir.	Ouvrant.	Ouvert.
Que je parte.	Que je partisse.	Partir.	Partant.	Parti.
Que je sente.	Que je sentisse.	Sentir.	Sentant.	Senti.
Que je sorte.	Que je sortisse.	Sortir.	Sortant.	Sorti.
Que je tressaille	Que je tressaillisse.	Tressaillir.	Tressaillant.	Tressailli.
Que je tienne.	Que je tinsse.	Tenir.	Tenant.	Tenu.
Que je vienne.	Que je vinsse.	Venir.	Venant.	Venu.
Que je vête.	Que je vêtisse.	Vêtir.	Vêtant.	Vêtu.

CONJUGAISON.

Que j'aie.	Que j'eusse.	Avoir.	Ayant.	Eu, eue.
Que je doive.	Que je dusse.	Devoir.	Devant.	Dû.
Que je déchoie.	Que je déchusse.	Déchoir.	Déchéant.	Déchu.
Qu'il faille.	Qu'il fallût.	Falloir.	. . . .	Fallu.
Qu'il pleuve.	Qu'il plût.	Pleuvoir.	. . . .	Plu.
Que je m'asseye.	Que je m'assisse.	S'asseoir.	S'asseyant.	Assis.
Que je sache.	Que je susse.	Savoir.	Sachant.	Su.
Que je meuve.	Que je musse.	Mouvoir.	Mouvant.	Mu.
Que je puisse.	Que je pusse.	Pouvoir.	Pouvant.	Pu.
Que je pourvoie.	Que je pourvusse.	Pourvoir.	Pourvoyant.	Pourvu.
Que je vaille.	Que je valusse.	Valoir.	Valant.	Valu.
Que je voie.	Que je visse.	Voir.	Voyant.	Vu.

CONJUGAISON DES TEMPS SIMPLES				
INDICATIF.			CONDITIONNEL	IMPÉRATIF.
PRÉSENT.	PASSÉ DÉFINI.	FUTUR SIMPLE.	PRÉSENT *ou* FUTUR.	PRÉSENT.
				QUATRIÈME
Je bats.	Je battis.	Je battrai.	Je battrais.	Bats.
Je bois.	Je bus.	Je boirai.	Je boirais.	Bois.
Je clos.	. . . .	Je clorai.	Je clorais.	Clos.
Je conclus.	Je conclus.	Je conclurai.	Je conclurais.	Conclus.
Je confis.	Je confis.	. . . .	. . . .	Confis.
Je connais.	Je connus.	Je connaîtrai.	Je connaîtrais.	Connais.
Je couds.	Je cousis.	Je coudrai.	Je coudrais.	Couds.
Je crains.	Je craignis.	Je craindrai.	Je craindrais.	Crains.
Je crois.	Je crus.	Je croirai.	Je croirais.	Crois.
Je dis.	Je dis.	Je dirai.	Je dirais.	Dis.
J'écris.	J'écrivis.	J'écrirai.	J'écrirais.	Écris.
Je fais.	Je fis.	Je ferai.	Je ferais.	Fais.
Je joins.	Je joignis.	Je joindrai.	Je joindrais.	Joins.
Je lis.	Je lus.	Je lirai.	Je lirais.	Lis.
Je mouds.	Je moulus.	Je moudrai.	Je moudrais.	Mouds.
Je peinds.	Je peignis.	Je peindrai.	Je peindrais.	Peinds.
Je prends.	Je pris.	Je prendrai.	Je prendrais.	Prends.
Je ris.	Je ris.	Je rirai.	Je rirais.	Ris.
Je vaincs.	Je vainquis.	Je vaincrai.	Je vaincrais.	Vaincs.

DÉFINITION DU PARTICIPE.

Le PARTICIPE est un mot qui tient de la nature du verbe et de celle de l'adjectif : comme le verbe dont il est formé, il exprime l'action ; comme l'adjectif, il peut marquer l'état ou la qualité d'un être ou d'une chose. Par exemple, des verbes *avoir*, *être*, *acheter*, *aimer*, *finir*, *recevoir*, *rendre*, *vendre*, *surprendre*, etc., on forme les participes *ayant*, *eu*; *étant*, *été*; *achetant*, *acheté*; *aimant*, *aimé*; *finissant*, *fini*; *recevant*, *reçu*; *rendant*, *rendu*; *vendant*, *vendu*; *surprenant*, *surpris*.

Il y a deux sortes de *participes* : le participe PRÉSENT et le participe PASSÉ.

Le participe PRÉSENT, qui ne varie jamais et qui est toujours terminé par ANT, marquant une manière d'être *accidentelle* ou *passagère*, exige souvent un complément pour en achever le sens.

Exemples :

Cet homme *ou* Ces hommes	*aimant* le travail. *finissant* l'ouvrage. *recevant* de l'argent. *faisant* du bien. *vendant* du fruit.	Cette femme *ou* Ces femmes	*aimant* les enfants. *finissant* d'écrire. *recevant* des éloges. *faisant* le bien. *vendant* des fruits.

DES VERBES IRRÉGULIERS.

SUBJONCTIF.		INFINITIF.	PARTICIPES	
PRÉSENT.	IMPARFAIT.	PRÉSENT ou FUTUR.	PRÉSENT.	PASSÉ.

CONJUGAISON.

Que je batte.	Que je battisse.	Battre.	Battant.	Battu.
Que je boive.	Que je busse.	Boire.	Buvant.	Bu.
. . . .	. . . .	Clore.	. . . .	Clos.
Que je conclue.	Que je conclusse.	Conclure.	Concluant.	Conclu.
Que je confise.	Que je confisisse.	Confire.	Confisant.	Confi.
Que je connaisse.	Que je connusse.	Connaître.	Connaissant.	Connu.
Que je couse.	Que je cousisse.	Coudre.	Cousant.	Cousu.
Que je craigne.	Que je craignisse.	Craindre.	Craignant.	Craint.
Que je croie.	Que je crusse.	Croire.	Croyant.	Cru.
Que je dise.	Que je disse.	Dire.	Disant.	Dit.
Que j'écrive.	Que j'écrivisse.	Écrire.	Écrivant.	Écrit.
Que je fasse.	Que je fisse.	Faire.	Faisant.	Fait.
Que je joigne.	Que je joignisse.	Joindre.	Joignant.	Joint.
Que je lise.	Que je lusse.	Lire.	Lisant.	Lu.
. . . .	Que je moulusse.	Moudre.	Moulant.	Moulu.
Que je peigne.	Que je peignisse.	Peindre.	Peignant.	Peint.
Que je prenne.	Que je prisse.	Prendre.	Prenant.	Pris.
Que je rie.	Que je risse.	Rire.	Riant.	Ri.
Que je vainque.	Que je vainquisse.	Vaincre.	Vainquant.	Vaincu.

Dans certains cas, le mot qui paraît participe PRÉSENT varie, et on l'appelle *adjectif qualificatif verbal*, c'est-à-dire formé du verbe. Dans ce sens, il marque une manière d'être qui est *constante* ou *habituelle*, et n'a pas besoin de complément pour en achever le sens. On le reconnaît en ce qu'il peut toujours s'employer avec le verbe *être*.

Exemples :

C'est un homme	*séduisant.*	Ces hommes sont	*séduisants.*	
ou	*aimant.*	ou	*aimants.*	
Cet homme est	*édifiant.*	Ce sont des hommes	*édifiants.*	
C'est une femme	*séduisante.*	Ces dames sont	*séduisantes*	
ou	*aimante.*	ou	*aimantes.*	
Cette femme est	*édifiante.*	Ce sont des dames.	*édifiantes.*	

Le participe PASSÉ n'est autre chose qu'un *adjectif qualificatif* qui marque un état passé, une action qui est faite. Il prend diverses terminaisons pour mieux marquer son rapport en genre et en nombre avec le nom. Exemples :

Un homme *aimé*.	Un mensonge *soutenu*.
Un ouvrage *fini*.	Un objet *vu*.
Un oiseau *pris*.	Un ouvrage *fait*.
Un coffre *ouvert*.	Un drap *teint*.

DÉFINITION DES INVARIABLES.

Les **INVARIABLES** sont des mots qui ne servent ni à désigner un être ou un objet, ni à exprimer une qualité ou un état, ni à affirmer l'existence. Ce sont des mots qui ne varient jamais en aucune manière, et qu'on appelle, en grammaire, *adverbes*, *prépositions*, *conjonctions*, *interjections*. Ces mots ayant différentes fonctions, nous les ferons connaître dans les exercices d'analyse. En voici quelques exemples :

ADVERBES.	PRÉPOSITIONS.	CONJONCTIONS.	INTERJECTIONS.
De qualité.	*De lieu.*	*Simples.*	*Joie.*
Modérément.	A ⎪ à Metz.	Et ⎪ vous et moi.	Ah !
Sensiblement.	Chez ⎪ chez moi.	Mais ⎪ mais venez-donc.	Bon !
Commodément.	De ⎪ il vient de l'Italie.	Car ⎪ car si on vient.	
Fortement.	Sur ⎪ sur les boulevards	Si ⎪ si vous voulez.	*Douleur.*
De temps.	*De temps.*	*Composées.*	Aïe !
Aujourd'hui.	A midi.		Hélas !
Demain.	Avant midi.	Lorsque.	*De crainte.*
Hier.	Après l'étude.	Quoique.	Ah !
Autrefois.	Dans huit jours.	Parce que.	Hé.
Jamais.	Pendant deux heures.		
Souvent.	Vers le soir.	*Augmentatives.*	*D'aversion.*
Bientôt.	*De lieu.*	Outre que.	Fi.
De lieu.	A Paris.	D'ailleurs.	Fi donc.
Auprès.	En France.	De plus.	*De dérision.*
Dedans.		Au surplus.	Ho.
Dehors.	*De possession.*		Hé.
Dessous.	A mon père.	*Alternatives ou disjonc-*	*D'admiration.*
Dessus.	Aux enfans.	*tives.*	Ah !
Autour.	A la mère.		Eh !
Partout.		Ou.	Ho !
D'ordre.	*D'union.*	Ou bien.	*De contentement.*
Premièrement.	Avec son frère.	Sinon.	Volontiers.
D'abord.	Concernant votre affaire.	Tantôt.	Soit.
Ensuite.	Joignant l'agréable à l'uti.	Soit.	

ADVERBES.	PRÉPOSITIONS.	CONJONCTIONS.	INTERJECTIONS.
De quantité. Assez. Beaucoup. Bien. Peu. Tout.	*De séparation et d'ex- ception,* Except mon frère. Hormis un ou deux. Hors de la maison. Sans vous. Outre cela.	*Conditionnelles.* Si. Soit. Pourvu que. A moins de. A moins que. Quand. Quand même. *De temps.* Lorsque. Quand. Dès que.	*De surprise.* Ah ! Bah ! Grand Dieu ! *D'encouragement.* Ça. Allons. Courage ! Oh ça. *De silence.* Chut. Paix. St.

DEUXIÈME PARTIE.

EXERCICES PRATIQUES,

Au moyen desquels les élèves apprendront promptement à connaître les variations des mots selon le genre, le nombre et la dérivation.

AVIS IMPORTANT.

L'élève copiera *le singulier des exercices suivants qui se trouvent à gauche de chaque page,* et il mettra les mêmes chiffres qui sont au-dessus des mots, et ne formera le pluriel de chacun de ces mots, qu'en s'aidant des règles indiquées par ces chiffres. De cette manière, toutes les règles grammaticales lui deviendront familières en fort peu de temps. Le pluriel qui se trouve dans ces exercices, ne doit servir que pour vérifier ce qu'on a fait et pour voir si on a bien compris les règles.

MASCULIN SINGULIER.

Qu'il est beau ce jardin cultivé ! que, par le soin du jardinier, il est brillant et pompeusement paré ! Ce jardinier, comme tout autre homme, est de la nature la production la plus noble : en se multipliant, il en multiplie le germe le plus précieux : elle-même aussi semble se multiplier avec lui (avec le jardinier); il met au jour par son art, tout ce que la terre recélait dans son sein. Quel trésor nouveau ignoré ! le fruit, le grain perfectionnés, multipliés à l'infini; le genre utile d'animal transporté, propagé, augmenté sans nombre; l'animal nuisible réduit, confiné, relégué; l'or et le fer, plus nécessaire que l'or, tirés des entrailles de la terre; le torrent contenu, le fleuve dirigé, resserré; l'Océan soumis, traversé d'un hémisphère à l'autre; le terrain accessible partout, partout rendu aussi vivant que fécond; dans le vallon, une agréable prairie; dans la plaine, un riche pâturage ou une moisson encore plus riche; le côteau chargé de fleurs et de fruits, le sommet couronné d'arbres utiles et d'un jeune bois; le désert devenu un pays habité par un peuple immense, qui, circulant sans cesse, se répand de son centre jusqu'à l'extrémité; un chemin ouvert ou fréquenté, un passage établi partout, comme autant de témoins de la force et de l'union du peuple : mille autres monuments de puissance et de gloire démontrent assez que l'homme, maître du domaine de la terre, en a changé, renouvelé la surface entière, et de tout temps il partage l'empire avec la nature.

MASCULIN PLURIEL.

Qu'ils sont beaux ces jardins cultivés ! que, par les soins des jardiniers, ils sont brillants et pompeusement parés ! Ces jardiniers, comme tous les autres hommes, sont de la nature la production la plus noble : en se multipliant, ils en multiplient les germes les plus précieux : elle-même aussi semble se multiplier avec eux (avec les jardiniers); ils mettent au jour par leur art, tout ce que la terre recélait dans son sein. Quels trésors nouveaux ignorés ! les fruits, les grains, perfectionnés, multipliés à l'infini; les genres utiles d'animaux transportés, propagés, augmentés sans nombre; les animaux nuisibles réduits, confinés, relégués; l'or et le fer, plus nécessaire que l'or, tirés des entrailles de la terre; les torrents contenus, les fleuves dirigés, resserrés; l'Océan soumis, traversé d'un hémisphère à l'autre; les terrains accessibles partout, partout rendus aussi vivants que féconds; dans les vallons, d'agréables prairies; dans les plaines, de riches pâturages ou des moissons encore plus riches; les côteaux chargés de fleurs et de fruits, les sommets couronnés d'arbres utiles et de jeunes bois; les déserts devenus des pays habités par des peuples immenses, qui, circulant sans cesse, se répandent de leur centre jusqu'aux extrémités; des chemins ouverts ou fréquentés, des passages établis partout, comme autant de témoins de la force et de l'union des peuples : mille autres monuments de puissance et de gloire démontrent assez que les hommes, maîtres du domaine de la terre, en ont changé, renouvelé la surface entière, et de tout temps ils partagent l'empire avec la nature.

D'ORTHOGRAPHE FRANÇAISE.

FÉMININ SINGULIER.

Qu'elle est *belle* cette plante *cultivée* ! que, par le soin de la jardinière, elle est brillante et gracieusement *parée* ! Cette jardinière, comme toute autre femme, est de la nature la production la plus noble : en se *multipliant*, elle en *multiplie* la semence la plus précieuse : elle-même aussi semble se *multiplier* avec elle (avec la *jardinière*); elle met au jour par son art, tout ce que la terre recélait dans son sein. Quelle richesse nouvelle ignorée ! la fleur, la graine *perfectionnées*, *multipliées* à l'infini; l'espèce utile d'animal *transportée*, *propagée*, *augmentée* sans nombre; la bête *nuisible réduite*, *confinée*, *reléguée*; l'or et le fer plus nécessaire que l'or, *tirés* des entrailles de la terre; la rivière *contenue*, la source *dirigée*, *resserrée*; la mer *soumise*, *traversée* d'un continent à l'autre; la terre *accessible* partout, partout *rendue* aussi *vivante* que *féconde*; dans la vallée, une agréable prairie; dans la plaine, une riche pâture ou une moisson encore plus riche; la côte *chargée* de fleurs et de fruits, la sommité *couronnée* d'arbrisseaux *utiles* et d'une jeune forêt; le désert *devenu* une cité *habitée* par une peuplade immense, qui, circulant sans cesse, se répand de son centre jusqu'à l'extrémité; une route *ouverte* ou *fréquentée*, une communication *établie* partout, comme autant de témoins de la force et de l'union de la société : mille autres monuments de puissance et de gloire *démontrent* assez que la femme, maîtresse du domaine de la terre, en a *changé*, *renouvelé* la surface entière, et de tout temps elle *partage* l'empire avec la nature.

FÉMININ PLURIEL.

Qu'elles sont *belles* ces plantes *cultivées* ! que, par les soins des jardinières, elles sont brillantes et gracieusement *parées* ! Ces jardinières, comme toutes les autres femmes, sont de la nature la production la plus noble : en se *multipliant*, elles en *multiplient* les semences les plus précieuses : elle-même aussi semble se *multiplier* avec elles (avec les *jardinières*); elles mettent au jour par leur art, tout ce que la terre recélait dans son sein. Quelles richesses nouvelles ignorées ! les fleurs, les graines *perfectionnées*, *multipliées* à l'infini; les espèces utiles d'animaux *transportées*, *propagées*, *augmentées* sans nombre; les bêtes *nuisibles réduites*, *confinées*, *reléguées*; l'or et le fer plus nécessaire que l'or, *tirés* des entrailles de la terre; les rivières *contenues*, les sources *dirigées*, *resserrées*; les mers *soumises*, *traversées* d'un continent à l'autre; les terres *accessibles* partout, partout *rendues* aussi *vivantes* que *fécondes*; dans les vallées, d'agréables prairies; dans les plaines, de riches pâtures ou des moissons encore plus riches; les côtes *chargées* de fleurs et de fruits, les sommités *couronnées* d'arbrisseaux utiles et de jeunes forêts; les déserts *devenus* des cités *habitées* par des peuplades immenses, qui, circulant sans cesse, se répandent de leur centre jusqu'aux extrémités; des routes *ouvertes* ou *fréquentées*, des communications *établies* partout, comme autant de témoins de la force et de l'union des sociétés : mille autres monuments de puissance et de gloire *démontrent* assez que les femmes, maîtresses du domaine de la terre, en ont *changé*, *renouvelé* la surface entière, et de tout temps elles *partagent* l'empire avec la nature.

MASCULIN SINGULIER.

L'homme passe comme une fleur, qui, épanouie le matin, le soir est flétrie et foulée aux pieds.

Adieu, paisible et heureux climat, que l'habitant n'a jamais laissé envahir impunément; adieu, fertile côteau, que j'ai vu tant de fois s'embellir aux rayons de l'astre du jour, et que j'ai entendu chanter par l'immortel auteur (1) d'Abel, digne rival de Florian; adieu, aimable fils, auprès duquel j'ai éprouvé de si doux instants, et que, comme un jeune arbrisseau aimé du ciel, j'ai vu s'élever par les tendres soins d'un frère chéri, d'un Dieu sur la terre; adieu, terrible volcan que j'ai entendu s'écrouler avec fracas; et vous, précipices affreux, qui cent fois m'avez menacé de m'engloutir, vous m'effrayez moins que le danger toujours renaissant auquel je vais être exposé.

Il a été heureux pour cet homme d'être abandonné de ses proches, c'est par là qu'a commencé la chaine d'événements qui l'a conduit à la fortune et au bonheur.

Superbe côteau, qui t'a établi sur tes fondements? Qui a élevé ta tête jusqu'au-dessus des nues? Qui t'a orné d'un bosquet verdoyant et majestueux, de cet arbre fruitier, de tant de fleurs si variées et si agréables?

C'est à l'ombre de la paix que cet art divin est né, a prospéré, et s'est perfectionné.

Cet homme, une fois maitre du souverain pouvoir, a fait tout le mal qu'il a pu (faire), et a commis toute la cruauté qu'il a voulu (commettre).

MASCULIN PLURIEL.

Les hommes passent comme les fleurs, qui, épanouies le matin, le soir sont flétries et foulées aux pieds.

Adieu, paisibles et heureux climats, que les habitants n'ont jamais laissé envahir impunément; adieu, fertiles côteaux, que j'ai vus tant de fois s'embellir aux rayons de l'astre du jour, et que j'ai entendu chanter par l'immortel auteur d'Abel, digne rival de Florian; adieu, aimables fils, auprès desquels j'ai éprouvé de si doux instants, et que, comme de jeunes arbrisseaux aimés du ciel, j'ai vus s'élever par les tendres soins d'un frère chéri, d'un dieu sur la terre; adieu, terribles volcans que j'ai entendus s'écrouler avec fracas; et vous, précipices affreux, qui cent fois nous avez menacés de nous engloutir, vous nous effrayez moins que les dangers toujours renaissants auxquels nous allons être exposés.

Il a été heureux pour ces hommes d'être abandonnés de leurs proches, c'est par là qu'a commencé la chaine d'événements qui les a conduits à la fortune et au bonheur.

Superbes côteaux, qui vous a établis sur vos fondements? Qui a élevé vos têtes jusqu'au-dessus des nues? Qui vous a ornés de bosquets verdoyants et majestueux, de ces arbres fruitiers, de tant de fleurs si variées et si agréables?

C'est à l'ombre de la paix que ces arts divins sont nés, ont prospéré, et se sont perfectionnés.

Ces hommes, une fois maitres du souverain pouvoir, ont fait tous les maux qu'ils ont pu (faire), et ont commis toutes les cruautés qu'ils ont voulu (commettre).

---

(1) *Auteur* ne s'emploie qu'au masculin, et sert également pour les hommes et pour les femmes; un homme auteur, une femme auteur.

D'ORTHOGRAPHE FRANÇAISE.

FÉMININ SINGULIER.

La femme passe comme une fleur, qui, épanouie le matin, le soir est flétrie et foulée aux pieds.

Adieu, paisible et heureuse contrée, que l'habitant n'a jamais laissé envahir impunément; adieu, fertile colline, que j'ai vue tant de fois s'embellir aux rayons de l'astre du jour, et que j'ai entendu chanter par l'immortel auteur d'Abel, digne rival de Florian; adieu, aimable fille, auprès de laquelle j'ai éprouvé de si douces émotions, et que, comme une jeune plante aimée du ciel, j'ai vue s'élever par les tendres soins d'une sœur chérie, d'une divinité sur la terre; adieu, terrible avalanche que j'ai entendue s'écrouler avec fracas; et vous, précipices affreux, qui cent fois nous avez menacés de nous engloutir, vous nous effrayez moins que les dangers toujours renaissants auxquels Sophie va être exposée.

Il a été heureux pour cette personne d'être abandonnée de ses proches, c'est par là qu'a commencé la chaîne d'évènements qui l'a conduite à la fortune et au bonheur.

Superbe montagne, qui t'a établie sur tes fondements? Qui a élevé ta tête jusqu'au-dessus des nues? Qui t'a ornée d'une forêt verdoyante et majestueuse, de cette plante fruitière, de tant de fleurs, si variées et si agréables?

C'est à l'ombre de la paix que cette science divine est née, a prospéré, et s'est perfectionnée.

Cette femme, une fois maîtresse du souverain pouvoir, a fait tout le mal qu'elle a pu (faire), et a commis toute la cruauté qu'elle a voulu (commettre).

FÉMININ PLURIEL.

Les femmes passent comme les fleurs, qui, épanouies le matin, le soir sont flétries et foulées aux pieds.

Adieu, paisibles et heureuses contrées, que les habitants n'ont jamais laissé envahir impunément; adieu, fertiles collines, que j'ai vues tant de fois s'embellir aux rayons de l'astre du jour, et que j'ai entendu chanter par l'immortel auteur d'Abel, digne rival de Florian; adieu, aimables filles, auprès desquelles j'ai éprouvé de si douces émotions, et que, comme de jeunes plantes aimées du ciel, j'ai vues s'élever par les tendres soins d'une sœur chérie, d'une divinité sur la terre; adieu, terribles avalanches que j'ai entendues s'écrouler avec fracas; et vous, précipices affreux, qui cent fois nous avez menacés de nous engloutir, vous nous effrayez moins que les dangers toujours renaissants auxquels mes filles vont être exposées.

Il a été heureux pour ces personnes d'être abandonnées de leurs proches, c'est par là qu'a commencé la chaîne d'évènements qui les a conduites à la fortune et au bonheur.

Superbes montagnes, qui vous a établies sur vos fondements? Qui a élevé vos têtes jusqu'au-dessus des nues? Qui vous a ornées de forêts verdoyantes et majestueuses, de ces plantes fruitières, de tant de fleurs si variées et si agréables?

C'est à l'ombre de la paix que ces sciences divines sont nées, ont prospéré, et se sont perfectionnées.

Ces femmes, une fois maîtresses du souverain pouvoir, ont fait tous les maux qu'elles ont pu (faire), et ont commis toutes les cruautés qu'elles ont voulu (commettre).

RÈGLE DES DÉRIVÉS.

Les mots se divisent en *racines* et en *dérivés*. On appelle racines certains mots qui produisent d'autres mots plus grands, et ces derniers, tirant leur origine des racines, en sont les dérivés ; par exemple :

Des mots		on peut faire, ceux-ci :	
bel,			belle, et en changeant *l* en *au*, on a *beau*, *beauté*;
ce,			cet, cette, ces, ceci, cela;
jardin,			jardinet, jardinage, jardinier, jardiner ;
fruit,			fruitier, fruitière, etc.;
trésor,			trésorier, trésorière, etc. ;
fer,			ferrer, ferraille, ferrailler, etc.
briller,			brillant, brillante, brilla, brillait, etc.;
pompe,			pompeux, pompeuse, pompeusement, etc.;
tout,			touts, tous, toute, toutes;
nature,			naturel, naturelle, naturellement;
produit,			productif, productive, production ;
jour,			journal, journalier, journaux, journellement;
art,			arts, artiste, artisan, article, etc.;
multiplier,			multiplication, multiplicateur, etc.;
or,			orner, ornement, dorure, dorer;
accès,			accessible ;
partout,			de toute part ;
rend,			rendant, rendre, rendu, rendrait, etc.;
vivant,			vivante, vivantes;
fécond,			féconde, fécondité, féconder ;
riche,			richement, richard, etc.;
moisson,			moissonner, moissonneur, etc.;
côte,			côtes, côteau, côteaux;
charge,			charger, ils chargent, il chargerait, etc.,
fleur,			fleurs, fleurette, fleurons;
couronne,			couronner, couronnement, etc.;
arbre,			arbrisseau, arbrisseaux ;
bois,			boiserie, boisage, boisselier ;
désert,			déserter, déserteur, déserteuse ;
pays,			payse, paysage, paysan, etc.;
chemin,			cheminer, cheminant ;
ouvert,			ouverte, ouvertement, ouverture ;
matin,			matinée, matinal, matinalement ;
chant,			chanteur, chanteuse ;
mort,			morte, mortel, mortelle ;
rival,			rivale, rivalité, rivaliser, rivaux;
un,			une, unité ;
ciel,			cieux ;
volcan,			volcanique ;
fracas,			fracasser ;
danger,			dangereux, dangereuse ;
conduire,			conduite, conduisant, conducteur, conductrice.

DE L'IMITATION.

L'Imitation est l'art de s'approprier le style et le génie des bons écrivains.

Pour bien imiter un écrivain quelconque, il faut suivre l'ordre successif de ses pensées, décomposer son discours et le recomposer ensuite, phrase par phrase, dans des formes nouvelles et des expressions différentes.

Voici quelques exemples de la manière dont on peut imiter.

LETTRES DE BONNE ANNÉE.

MODÈLES.	IMITATIONS.

Fléchier au vice-légat d'Avignon.

Nimes, le 24 décembre 1703.

C'est la raison et l'inclination, Monseigneur, plutôt que la coutume et la bienséance, qui m'engagent à souhaiter à Votre Excellence de saintes et heureuses fêtes (1). Je joins mes vœux pour votre conservation, à ceux des peuples que vous gouvernez avec tant de douceur et de prudence, et je m'intéresse avec eux au bonheur que vous leur procurez.

Recevez, Monseigneur, avec bonté, l'assurance du respectueux attachement avec lequel je suis,

Votre très-humble et très-obéissant serviteur,

FLÉCHIER.

Charles Beaupré à son parrain.

Nancy, le 1er janvier 1834.

C'est l'amour, l'attachement et la reconnaissance, mon cher parrain, plutôt que la coutume et le devoir, qui m'engagent à vous souhaiter, avec l'année qui commence, la paix, le repos, la santé et la satisfaction. Je joins mes vœux, pour votre conservation qui m'est très-précieuse, à ceux de votre aimable famille, pour qui vous êtes la joie, et je m'intéresse avec elle au bonheur que vous lui procurez.

Recevez, mon cher parrain, l'assurance du tendre et respectueux attachement avec lequel je suis,

Charles BEAUPRÉ.

Le jeune Château, élève de M. Rams.

Lyon, le 1er janvier 1734.

C'est à mon père, à mon meilleur ami que j'adresse mes souhaits pour la nouvelle année. L'usage ne les dicte point à ma plume; elle obéit à mon cœur; elle ne fait qu'exprimer au jour de l'an ce que tous les jours je demande à l'Être suprême. Oui, père bien respecté, et encore plus chéri, vous êtes au matin l'objet de ma première pensée, et sur vous, le soir, se réunissent toutes mes affections. Puisse le Ciel rendre vos années aussi nombreuses que l'ont été les soins infinis que vous avez pris de mon enfance! Jouissez de la santé la plus parfaite et la plus constante; que votre bonheur, surtout, soit inaltérable et durable, comme le seront envers vous les sentimens de respect et d'attachement, avec lesquels, etc.

Caroline Favincourt à sa mère.

Metz, le 1er janvier 1834.

C'est à toi, ô la meilleure et la plus aimée des mères, que j'adresse mes souhaits pour la nouvelle année. L'usage ne les dicte point à ma plume; elle obéit aux plus douces inspirations de mon cœur. Oui, mère bien respectée et encore plus chérie, tu es constamment l'objet de toutes mes pensées. Puisse l'Être Bon, l'Être bienfaisant qui gouverne l'univers, rendre tes années aussi nombreuses que l'ont été les tendres soins que tu as pris de moi depuis que j'existe jusqu'à ce jour! Jouis, bien-aimée maman, d'une parfaite et constante santé; que ton bonheur, surtout, soit inaltérable et durable comme le seront envers toi les sentiments de respect et d'amour, avec lesquels j'ai le bonheur d'être, pour toujours, ta fille très-soumise.

Mademoiselle d'Hautume à sa mère.

Paris, le 1er janvier 1703.

Un sentiment bien doux, bien tendre, bien fort et bien durable, car il ne finira qu'avec ma vie, m'amène à vous, chère et bonne maman : je vous souhaite des jours heureux, je vous souhaite tout ce que vous pouvez désirer, je vous souhaite,

---

Auguste Saint-Bernard à son père.

Strasbourg, le 1er janvier 1834.

C'est l'amour le plus tendre et le plus doux qui m'amène à vous, ô le meilleur des pères! Je vous souhaite des jours heureux, des années prospères, je vous souhaite tout ce qui peut contribuer à votre satisfaction.

---

(1) Chez les Italiens, et surtout parmi les personnes qui tiennent à la cour de Rome, l'année commence à Noël, et l'on souhaite les bonnes fêtes.

LETTRES DE BONNE ANNÉE.

MODÈLES.	IMITATIONS.

MODÈLES.

enfin autant d'années qu'il se débite en ce jour de dragées et de mensonges.

C'est à la simple et franche vérité que je rends hommage, quand je vous assure que je vous aime, que je vous adore, qu'il n'est pour moi point de bonheur sans le vôtre, que je ne supporte votre absence et les ennuis de la retraite, qu'afin de me rendre plus digne de vous, et de vous faire trouver un jour votre meilleure amie dans la plus respectueuse, la plus reconnaissante et la plus tendre des filles.

Joséphine D'HAUTUME.

*Fléchier à M. le vicomte de ***, 1704.*

Ce sont de bons commencements, Monsieur, et de bons présages d'année, que de nouveaux témoignages d'une amitié comme la vôtre. Si je n'ai pas le plaisir de pouvoir raisonner avec vous comme je le faisais il y a quelques mois, je vous rends du moins souhaits pour souhaits, vœux pour vœux, et je demande au Ciel pour vous meilleure santé, meilleure fortune, ou la vertu nécessaire pour vous passer de l'une et de l'autre.

Madame de Sévigné à sa fille.

Vous me dites mille douceurs sur le commencement de l'année : rien ne peut me flatter davantage. Comptez, mon enfant, que cette année, et toutes celles de ma vie, sont à vous. C'est un tissu, c'est une vie tout entière qui vous est dévouée jusqu'au dernier soupir. Vos moralités sont si admirables. Il est vrai que le temps passe partout, et passe vite. Vous criez après lui, parce qu'il vous emporte toujours quelque chose de votre belle jeunesse ; mais il vous en reste beaucoup. Pour moi je le vois courir avec horreur, et m'apporter en passant l'affreuse vieillesse, et enfin la mort. Voilà de quelle couleur sont les réflexions d'une personne de mon âge.

IMITATIONS.

Comme je hais le mensonge autant que j'aime la vérité, je vous dirai tout simplement que je vous aime, que je vous chéris ; qu'il n'est de bonheur pour moi sur la terre qu'en vous sentant parfaitement heureux ; que je ne supporte tous les jours d'être séparé de vous, et les ennuis qui découlent de cette séparation, qu'afin de me rendre digne de vos bontés, et de mériter d'être un jour votre meilleur ami. C'est dans ces sentimens, ô le plus chéri des pères, que j'ai l'honneur d'être, avec respect et reconnaissance, le plus tendre et le plus soumis des fils.

Auguste SAINT-BERNARD.

Auguste à sa sœur.

Ce sont de bons commencements, ma bonne et et bien-aimée petite sœur, et de bons présages d'année, que de nouveaux témoignages d'une douce amitié comme la tienne. Si je n'ai pas le plaisir d'être près de toi et de t'embrasser comme je le faisais avant que je ne fusse en pension, je te rends, ma bonne petite amie, souhaits pour souhaits, vœux pour vœux, et je demande au Bon Dieu que tu pries de si bon cœur, qu'il t'accorde sa sainte protection, et qu'il continue à te rendre bonne et heureuse.

Julie à sa maman.

Tu me dis de si jolies choses sur le commencement de l'année, ma bien-aimée maman, que rien ne peut m'être plus agréable..... Compte, ô la plus tendre, la meilleure et la plus chérie des mères, que cette année, et toutes celles de ma vie, sont à toi. Mon existence tout entière t'est dévouée jusqu'à mon dernier soupir. Tes morales sont si douces, si insinuantes et si justes, que je les reçois avec un plaisir inexprimable, et je ne puis, en les lisant, m'empêcher de bénir la main chérie qui les a tracées.

DE L'ANALYSE.

Pour bien connaître le mécanisme et le tissu du discours, il est nécessaire de le décomposer et d'en considérer chaque mot, soit en lui-même, soit par rapport aux autres.

On distingue deux sortes d'analyses : l'une a pour objet chaque mot considéré matériellement. C'est l'*Analyse grammaticale*. Dans cette espèce d'analyse, on rend compte de l'espèce du mot, de ses accidents (genre, nombre, conjugaison, etc.), des règles que prescrit la grammaire, etc.

L'autre espèce d'analyse considère les mots réunis pour exprimer nos jugements. C'est l'*Analyse logique* ou *des pensées*.

MÉTHODE D'ANALYSE GRAMMATICALE.

Pour analyser		il faut indiquer	
	un *nom*,		le genre, le nombre, et le rôle qu'il joue dans la phrase (est-il sujet ou régime).
	un *article*,		le genre, le nombre, et quel mot il détermine.
	un *adjectif*,		le genre, le nombre, à quel mot il se rapporte.
	un *pronom*,		l'espèce, de quel nom il tient la place.
	un *verbe*,		la personne, le nombre, le temps, le mode, la voix, l'espèce de verbe.
	un *participe*,		l'espèce, le genre, le nombre, à quoi il se rapporte.
	un *invariable*,		son usage.

Il appartient encore à l'analyse grammaticale de rendre compte de la ponctuation.

PHRASES A ANALYSER.

Le temps est très-précieux. Tous les hommes sont persuadés qu'il importe de le bien employer. Cependant on en voit peu qui agissent en conséquence de cette persuasion. Pourquoi, hélas ! connaissons-nous si mal nos véritables intérêts ?

ANALYSE GRAMMATICALE.

Le,	article masculin singulier, qui détermine *temps*.
temps,	nom commun masculin singulier de chose idéale, sujet du verbe *est*.
est,	troisième personne singulière du présent de l'indicatif du verbe substantif *être*.
très,	mot invariable qui élève l'adjectif *précieux* au superlatif absolu.
précieux,	adjectif qualificatif masculin singulier, s'accordant avec *temps*, et dont le pluriel est semblable au singulier, et fait au féminin *précieuse*. Il y a un point après l'adjectif *précieux*, parce que le sens de la proposition est fini.
Tous,	adjectif indéfini masculin pluriel, qui détermine *hommes*, dont le singulier masculin est *tout*, le singulier féminin *toute*, et le pluriel *toutes*.
les,	article pluriel des deux genres. Ici il est masculin, parce qu'il détermine *hommes*.
hommes,	nom commun masculin pluriel, sujet du verbe *soit*.
sont persuadés,	troisième personne plurielle du présent de l'indicatif du verbe passif *être persuadé*. Ce temps est composé du participe passé de ce verbe, que l'on conjugue avec le verbe *être*. Le participe *persuadés* s'accorde avec le sujet *hommes*, parce qu'il est conjugué avec l'auxiliaire *être*.
que,	mot invariable qui unit deux propositions. On a retranché la dernière lettre de ce mot, parce que le suivant commence par une voyelle; et on l'a remplacée par l'apostrophe.
il,	pronom de la troisième personne, toujours sujet. Il ne se rapporte à aucun nom qui précède, mais à ce qui suit (de bien employer le temps il est important).

6

(42)

importe,   troisième personne singulière du présent de l'indicatif du verbe neutre impersonnel *il importe,* qu'il faut bien distinguer du verbe actif *importer,* lequel signifie faire arriver dans son pays des denrées étrangeres.

de,   mot invariable, qui exprime le rapport d'*employer* à *il.*

le,   pronom masculin de la troisieme personne singulière (toujours régime d'un verbe, ce qui le distingue de l'article *le,* qui est toujours suivi d'un nom). Ici il est régime du verbe *employer.*

bien,   mot invariable, qui modifie le verbe *employer.*

employer,   racine verbale dont la terminaison est en *er,* première conjugaison. Il y a un point après le mot *employer,* parce que le sens est fini.

Cependant,   mot invariable, composé de l'invariable *pendant* et du pronom démonstratif *ce.*

on,   pronom indéfini , sujet du verbe *voit.*

en,   pronom de la troisième personne, équivalant à *de lui, d'elle, d'eux, d'elles,* régime indirect (*on en voit peu de eux, de elles*).

voit,   3e personne singulière du présent de l'indicatif du verbe actif *voir,* de la 3e conjugaison.

peu,   invariable (qui signifie en petite quantité), avec le pronom *en,* il est régime de *voit.*

qui,   pronom relatif, sujet du verbe *agissent,* au pluriel masculin, rappelant l'idée de *hommes,* dont en tient la place.

agissent,   3e personne plurielle du présent de l'indicatif du verbe *agir,* 2e conjugaison.

en,   mot invariable, qu'il ne faut pas confondre avec le pronom *en.*

conséquence,   nom commun féminin singulier, de chose idéale, régime de l'invariable *en.*

de,   mot invariable, qui exprime un rapport entre le mot qui précède et *persuasion.*

cette,   adjectif démonstratif ou indicatif féminin singulier, dont le masculin singulier devant une consonne est *ce,* et devant une voyelle ou l'*h* muet, *cet;* c'est de ce dernier que l'on forme le féminin en doublant la consonne *t* suivie de l'*e* muet, *cette.*

persuasion,   nom commun féminin singulier de chose idéale, régime de l'invariable *de.* Il y a un point après ce mot, parce que le sens est fini.

Pourquoi,   invariable, qui sert à interroger, composé de l'invariable *pour,* et du pronom *quoi.* Il y a une virgule après *pourquoi,* pour indiquer un petit repos qui est nécessaire avant l'interjection.

hélas !   mot invariable, qui exprime un mouvement subit de douleur. Ce mot est suivi d'un point d'exclamation, pour indiquer une espece de cri. Il faut remarquer que ces especes de mots ne font pas partie de la proposition; ils sont jetés au milieu de la phrase.

connaissons-nous,   première personne plurielle du présent de l'indicatif du verbe actif *connaitre,* de la quatrième conjugaison. Le pronom *nous* est placé après le verbe, parce qu'il marque une interrogation.

si,   mot invariable, qui modifie le mot *mal;* il équivaut ici à *tellement.*

mal,   mot invariable, qui modifie le verbe *connaissons.*

nos,   adjectif possessif pluriel des deux genres (dérivé du pronom de la première personne plurielle *nous*), déterminant *intérêts.*

véritables,   adjectif qualificatif pluriel des deux genres; ici il est masculin, parce qu'il se rapporte à *intérêts,* qui est masculin.

intérêts?   nom commun masculin pluriel, régime direct de *connaissons.* Il y a un point d'interrogation, parce que ce mot termine une proposition interrogative.

ANALYSE LOGIQUE.

Cinq espèces de parties logiques peuvent entrer dans la composition d'une phrase : le *sujet,* le *verbe,* le *régime direct,* le *régime indirect,* le *déterminatif.*

Le *déterminatif* détermine le sens du verbe et exprime une circonstance de temps, de lieu, de qualité, de quantité, de moyen, de condition ou de restriction.

Une phrase peut être complète sans régime et sans déterminatif; mais elle ne peut l'être sans un sujet et un verbe; conséquemment le sujet et le verbe sont les parties logiques indispensables d'une phrase.

Chaque *partie logique* d'une phrase peut être seule ou accompagnée d'autres mots qui servent à la modifier.

Il y a des modifications de sujet, de verbe, de régime direct, de régime indirect et de déterminatif.

Chacune des *parties logiques* d'une phrase est distinguée par un mode d'interrogation qui lui est propre.

Pour trouver le *sujet*, le *régime direct*, le *régime indirect*, le *déterminatif*, on fait les questions :

qui? pour les personnes, et *quoi?* pour les choses, ou *qu'est-il? qu'a-t-il? que fait-il?*
qu'est-ce que?

de qui? à qui? pour qui? pour les personnes ; *de quoi? à quoi? par quoi? pourquoi?* pour les choses.

quand? où? comment? combien? pourquoi? par quel moyen? dans quel cas? malgré quoi?

Une phrase peut être *directe* ou *inverse*.

Une phrase est *directe*, quand ses parties sont rangées dans l'ordre naturel,

1° Le sujet ;   3° Le régime direct ;   5° Le déterminatif.
2° Le verbe ;   4° Le régime indirect ;

Une phrase est *inverse*, quand l'arrangement des parties ne suit pas l'ordre que je viens d'indiquer.

Les phrases peuvent être *simples, complexes, composées*.

Une phrase est *simple*, quand aucune de ses parties logiques n'est répétée, c'est-à-dire, lorsqu'elle n'a qu'un seul *sujet*, qu'un seul *verbe*, qu'un seul *régime*, ou qu'un seul *déterminatif*.

Elle est *complexe*, quand une de ses parties logiques est répétée, c'est-à-dire, lorsqu'elle a plusieurs *sujets*, ou plusieurs *verbes*, ou plusieurs *régimes*, ou plusieurs *déterminatifs*.

Dans une phrase *composée*, il y a réunion de deux phrases, dont l'une, qui est *principale*, fait un sens complet d'elle-même : et dont l'autre, qui est *subordonnée*, présente un sens dépendant de la première, à laquelle elle se lie par le moyen d'un pronom relatif ou d'une conjonction.

ANALYSE LOGIQUE DES PHRASES.

Les enfants chantèrent :

Qui?	Les enfants,	Sujet.
Que firent-ils?	chantèrent,	Verbe.

Dieu punit les méchants :

Qui?	Dieu,	Sujet.
Que fait-il?	punit,	Verbe.
Qui est-ce qu'il punit?	les méchants,	Régime direct.

Les élèves présentèrent leurs devoirs au maître :

Qui ?	Les élèves,	Sujet.
Que firent-ils ?	ils présentèrent,	Verbe.
Que présentèrent-ils ?	leurs devoirs,	Régime direct.
A qui ?	au maître,	Régime indirect.

Ces élèves témoignèrent leur reconnaissance à leur maître avant de le quitter :

Qui ?	Ces élèves,	Sujet.
Que firent-ils ?	ils témoignèrent,	Verbe.
Qu'est-ce qu'ils témoignèrent ?	leur reconnaissance,	Régime direct.
A qui ?	à leur maître,	Régime indirect.
Quand ?	avant de le quitter,	Déterminatif.

L'Evangile nous ordonne de nous aimer :

Quoi ?	L'Evangile,	Sujet.
Que fait-il ?	ordonne d'aimer,	Verbe. D'aimer modifie ordonne.
Qui ?	nous,	Régime direct.

Eugène sait régler ses goûts, ses travaux, ses plaisirs :

Qui ?	Eugène,	Sujet.
Que fait-il ?	sait régler,	Verbe.
Que sait-il régler ?	ses goûts,	1er régime direct.
Que sait-il encore régler ?	ses travaux,	2e régime direct.
Que sait-il encore régler ?	ses plaisirs,	3e régime direct.

L'étude affranchit souvent les hommes des erreurs et des préjugés de l'enfance :

Quoi ?	L'étude,	Sujet.
Que fait-elle ?	affranchit souvent,	Verbe.
Qui est-ce qu'elle affranchit ?	les hommes,	Régime direct.
De quoi affranchit-elle ?	des erreurs de l'enfance,	1er régime indirect.
De quoi nous affranchit-elle encore ?	des préjugés de l'enfance,	2e régime indirect.

Cultivez les lettres pour jouir d'un bonheur pur et durable :

Qui ?	(Vous), sous-entendu dans les phrases impératives,	Sujet.
Que faites-vous ?	cultivez,	Verbe à l'impératif.
Qu'est-ce que vous devez cultiver ?	les lettres,	Régime direct.
Pourquoi ?	Pour jouir d'un bonheur pur et durable,	Déterminatif.

TROISIÈME PARTIE.

DE L'ORTHOGRAPHE.

L'ORTHOGRAPHE est l'art d'être correct dans l'emploi des mots, des caractères et des signes orthographiques.

RÈGLES D'ORTHOGRAPHE.

Pour écrire les mots variables, il faut observer quatre closes :

1° La *prononciation*, c'est-à-dire, écrire toutes les lettres prononcées.

2° La *dérivation*, c'est-à-dire, prendre dans un mot formé de celui qu'on écrit, tout ce qu'on peut y prendre.

3° Le *genre*, c'est-à-dire, mettre à la fin des mots féminins l'*e* muet quand la prononciation le permet.

4° Le *nombre*, c'est-à-dire, donner aux mots la marque du pluriel quand la règle le prescrit.

VARIATIONS DES NOMS.

FORMATION DU PLURIEL.

1. Tout nom qui n'est pas terminé au *singulier* par *s*, *x*, *z*, *au*, *eau*, *eu*, *œu*, dont la prononciation est la même pour les deux nombres, prend généralement un *s* de plus au pluriel qu'au singulier : *Un jardin, des jardins; une maison, des maisons; un homme, des hommes; un bal, des bals; un régal, des régals*, etc.

2. Tout nom terminé au *singulier* par *s*, *x* ou *z*, a le pluriel semblable, sans y rien ajouter : *Un français, des français; un fils, des fils; une voix, des voix; un nez, des nez*, etc.

3. Tout nom terminé au *singulier* masculin en *al*, dont la prononciation n'est pas la même pour les deux nombres, change au *pluriel* masculin *al* en *aux*, et jamais en *eaux* : *Un animal, des animaux; le mal, les maux; le cheval, les chevaux; le travail, les travaux; un rival, des rivaux*.

4. Les noms terminés au *singulier* masculin par *au*, *eau*, *eu*, *œu*, prennent un *x* de plus au pluriel : *Un pommeau* (qui dérive de *pomme*), *des pommeaux; un côteau* (qui dérive de *côte*), *des côteaux; un caveau* (qui dérive de *cave*), *des caveaux; un tableau* (qui dérive de *table*), *des tableaux; un ormeau* (qui dérive de *orme*), *des ormeaux; un tuyau* (petit tube), *des tuyaux; un noyau* (petite noix), *des noyaux; un feu, des feux; un vœu, des vœux; un lieu, des lieux*, etc.

5. Les noms terminés au *singulier* masculin en *ou*, prennent au pluriel, les uns un *s*, et les autres un *x* : *Un bijou, des bijoux; un sou, des sous; un verrou, des verrous; un caillou, des cailloux*, etc.

6. Le substantif *ciel* (firmament), fait au pluriel *cieux*. Mais dans tout autre cas il fait *ciels* : *Des ciels de lit, des ciels de tableau*, etc.

7. Le substantif *œil* (organe de la vue), fait au pluriel *yeux*. Cependant en architecture on dit : *Des œils de bœuf* (petites lucarnes); on dit aussi : *Les œils du bouillon, les œils du fromage*.

8. Le substantif *aïeul* (grand-père), fait au pluriel *aïeuls*. Mais dans le sens d'ancêtres on dit *aïeux*, et il n'a pas de singulier.

9. Les substantifs *amour*, *délice* et *orgue*, sont *masculins* au singulier, et *féminins* au pluriel : *Un fol amour, de folles amours. C'est un grand délice que de faire des heureux. Mon fils fait toutes ses délices de l'étude. Voilà un bel orgue, j'ai vu de belles orgues*.

10. Beaucoup de noms, tels que : *l'enfance, la jeunesse, la probité, la faim, la soif, le beau, le vrai, l'utile*, etc., ne s'emploient qu'au singulier.

11. Il en est d'autres qui ne sont d'usage qu'au pluriel : *Ancêtres, belles-lettres, mœurs, ténèbres*, etc.

12. Le substantif *couple* est féminin, quand il signifie *le nombre* : *Une couple de pommes, une couple d'abricots, une couple d'œufs*, etc. Il est masculin, lorsqu'il désigne deux êtres unis par la volonté, par un sentiment ou par toute autre cause qui

les rend propres à agir de concert : *Oreste et Pylade sont un bon couple d'amis; un beau couple de chevaux; un beau couple de chiens*, etc. (bien accouplés).

13. Le substantif *personne* est masculin, lorsqu'il signifie *aucun*; autrement il est féminin : *J'ai été à la promenade, et je n'y ai trouvé personne* (aucun individu). *La personne que vous m'avez envoyée, a été arrêtée avant d'être arrivée.*

14. Le substantif *gens* précédé de l'adjectif est féminin; lorsqu'il en est suivi, il est masculin : *Ce sont de bonnes gens; ces gens sont bons.*

15. Le substantif *quelque chose*, signifiant *une chose quelconque*, est masculin : *Cette jeune personne a fait* quelque chose *qui mérite d'être loué et récompensé.* Il est féminin, quand il signifie *quelle que soit la chose* : *Quelle que soit la chose que vous avez faite, elle mérite d'être louée et récompensée.* Dans ce dernier cas, le mot *chose* est précédé d'un article ou d'un équivalent.

16. Dans les noms propres on ne met pas la marque du pluriel, même lorsqu'ils sont précédés des mots *les, des, aux* : *Louis XIV qui sut employer les* Condé, *les* Turenne *et les* Catinat *dans ses armées; les* Colbert *et les* Louvois *dans son cabinet, choisit les* Racine *et les* Boileau *pour écrire son histoire; les* Bossuet *et les* Fénélon *pour instruire ses enfants; les* Fléchier *et les* Massillon *pour l'instruire lui-même.*

17. Lorsqu'on se sert d'un nom propre pour désigner les personnes qui ressemblent à celle qui a porté ce nom, le nom propre devient alors un vrai nom commun et reçoit le signe du pluriel : *Pour un Platon dans l'opulence, pour un Aristippe en crédit, combien d'Homères et d'Esopes dans l'indigence!*

DES NOMS COMPOSÉS.

18. Lorsqu'un *nom composé* est formé de deux *noms* ou d'un *nom* et d'un *adjectif*, ils prennent tous deux la marque du pluriel : *Un arc-boutant, des arcs-boutants; un chef-lieu, des chefs-lieux; un chien-loup, des chiens-loups*, etc.

19. Si le nom composé est formé d'un *verbe* et d'un *nom*, le premier est toujours invariable : *Un essuie-mains, des essuie-mains; un porte-bouteilles, des porte-bouteilles, un cure-dents, des cure-dents*, etc.

20. Quand le nom composé exprime unité d'idée, il se met toujours au singulier : *Un abat-vent, des abat-vent; un serre-tête, des serre-tête; un abat-jour, des abat-jour*, etc.

21. Lorsque le nom composé est formé de trois mots, il n'y a que le premier qui prend la marque du pluriel, si c'est un nom ou un adjectif : *Un chef-d'œuvre, des chefs-d'œuvre; un arc-en-ciel, des arcs-en-ciel; un ciel-de-lit, des ciels-de-lit*, etc.

22. Dans les noms composés de trois mots, dont le sens ne permet pas de pluraliser les substantifs, les trois mots s'écrivent toujours au singulier : *Des coq-à-l'âne* (discours sans suite), *des pied-à-terre* (logement où l'on a seulement un pied-à-terre), *des tête-à-tête* (conférence entre deux personnes où l'on est seul à seul).

VARIATIONS DE L'ARTICLE.

23. L'ARTICLE se met devant les noms dont le sens est déterminé, c'est-à-dire, pour désigner un *être* ou un *objet* particulier, comme : *La France, la Seine, la Moselle, la maison de mon oncle, le livre que vous m'avez prêté, la plume dont je me sers, le cheval que j'ai loué*, etc.; ou pour désigner toute une espèce :

L'homme est raisonnable.		*l'homme* signifie *tous les hommes.*
Les hommes sont mortels.	Dans cet exemple,	*les hommes* sans exception.
Le chien est un animal fidèle.		*le chien* signifie *tous les chiens.*
L'enfant est souvent léger.		*l'enfant* signifie *tous les enfants.*

24. Lorsque l'article sert à former le *superlatif*, et qu'il y a plusieurs adjectifs, il faut répéter l'article devant chaque adjectif : *Ernest est l'élève le plus soumis, le plus obéissant, le plus complaisant et le plus studieux.*

25. Lorsque les adjectifs précèdent le substantif, et que l'invariable *et* se supprime, on doit répéter l'article et le mettre à la place de cet invariable : *Le vrai, le beau, l'utile et l'agréable se trouvant réunis dans un livre, la lecture en aura plus d'attrait pour le lecteur.*

26. Quand plusieurs adjectifs qui se suivent servent à qualifier des *êtres* ou des objets différents, il faut répéter l'article devant chaque adjectif : *Le vin nouveau et le vieux sont vendus. Le premier et le second étage sont très-bien appropriés. Le vieux et le jeune soldat sont partis.*

27. Quand plusieurs adjectifs qui sont placés après le substantif servent à qualifier le même objet, on ne répète pas l'article : *Ce jeune et brave guerrier fut récompensé.* Dans cet exemple, c'est le même guerrier qui est tout à la fois jeune et brave.

28. Quand un nom masculin singulier commence par une consonne, on forme quelquefois les articles composés :

Du,		de le :	La clarté	du	soleil,	pour *de le*	soleil.
Au,	mis pour	à le :	Parler	au	maître,	pour *à le*	maître.
Les,		de les :	Tu achettes	des	fruits,	pour *de les*	fruits.
Aux,		à les :	Je parle	aux	enfants,	pour *à les*	enfants.

VARIATIONS DES ADJECTIFS QUALIFICATIFS.

FORMATION DU FÉMININ.

Les adjectifs s'accordant avec les noms qu'ils qualifient ou qu'ils déterminent, varient aussi en *genre* et en *nombre*, pour mieux marquer leur rapport avec ces noms.

29. Tout adjectif terminé au masculin singulier par l'*e* muet, ne change pas de terminaison au féminin : *Le genre utile, l'espèce utile; l'animal nuisible, la bête nuisible; un homme riche, une femme riche; un enfant aimable, une fille aimable,* etc.

30. Les adjectifs qui ne sont pas terminés au masculin singulier par l'*e* muet, en prennent un au féminin : *Brillant, brillante; méchant, méchante; entier, entière; humain, humaine; divin, divine; sensé, sensée,* etc.

31. Les adjectifs terminés au singulier masculin par une consonne, forment leur féminin, les uns en mettant seulement l'*e* muet après cette consonne finale, et les autres en doublant la consonne finale avant d'ajouter l'*e* muet : *Mauvais, mauvaise; niais, niaise; discret, discrète; inquiet, inquiète; — tel, telle; gentil, gentille; nul, nulle; bon, bonne; gras, grasse; muet, muette; sot, sotte,* etc.

32. Les adjectifs terminés au masculin singulier par *s* ou *x*, changent au féminin l's ou l'*x* en *sse*, en *se*, ou en *ce* : *Faux, fausse; roux, rousse; précieux, précieuse; gris, grise; doux, douce,* etc.

33. Les adjectifs *vieux* ou *vieil*, *fou* ou *fol*, *mou* ou *mol*, *nouveau* ou *nouvel*, *beau* ou *bel*, font au féminin : *Vieille, folle, molle, nouvelle, belle.*

34. Les adjectifs terminés au masculin singulier par *f*, changent au féminin *f* en *ve* : *Bref, brève; naïf, naïve; neuf, neuve; actif, active,* etc.

35. Les adjectifs *frais, tiers, bénin, malin,* font au féminin, *fraîche, tierce, bénigne, maligne,* etc.

36. Les adjectifs terminés au masculin singulier par *c*, forment leur féminin en ajoutant

(48)

he, ou en changeant *c* en *que* : *Blanc, blanche; sec, sèche; franc, franche; public, publique; caduc, caduque; grec, grecque;* ce dernier conserve le *c* avant *que* au féminin.

37. Les adjectifs terminés au masculin en *eur*, font leur féminin de cinq manières différentes :

    1° En *euse :* *Trompeur, trompeuse; parleur, parleuse; chanteur, chanteuse,* etc.
    2° En *eure :* *Supérieur, supérieure; extérieur, extérieure; majeur, majeure,* etc.
    3° En *trice :* *Accusateur, accusatrice; créateur, créatrice; protecteur, protectrice.*
    4° En *esse :* *Vengeur, vengeresse; pécheur, pécheresse; chasseur, chasseresse.*
    5° En *ante :* *Gouverneur, gouvernante; serviteur, servante,* etc.

Nota. *Maître* fait *maîtresse; prêtre* fait *prêtresse;* chanoine fait *chanoinesse.*

FORMATION DU PLURIEL DES ADJECTIFS.

38. Les adjectifs terminés au masculin singulier par *s* ou *x*, ont la même terminaison au pluriel masculin : *Un objet précieux, des objets précieux; un homme heureux, des hommes heureux; un fruit doux, des fruits doux; un drap gris, des draps gris,* etc. En général, tout nom en *eu, œu,* ne prend un *x* qu'au pluriel ; tandis que l'adjectif qui a la même terminaison a toujours *x* au singulier comme au pluriel.

39. La plupart des adjectifs qui ne sont pas terminés au singulier par *s* ou par *x*, dont la prononciation est la même pour les deux nombres, prennent généralement un *s* de plus au pluriel qu'au singulier : *Un objet nuisible, des objets nuisibles; un homme prudent, des hommes prudents; une femme aimable, des femmes aimables,* etc.

40. Les adjectifs terminés au masculin singulier par *al*, dont la prononciation diffère au pluriel masculin, changent *al* en *aux* : *Un signe boréal, des signes boréaux; le devoir conjugal, les devoirs conjugaux; un chant pastoral, des chants pastoraux,* etc.

41. Les adjectifs terminés au masculin singulier par *au*, prennent un *x* de plus au pluriel masculin : *Un beau jardin, de beaux jardins; un fruit nouveau, des fruits nouveaux,* etc.

42. Les adjectifs *nu, excepté, supposé*, ne varient en genre et en nombre que quand ils sont placés après le nom. Ainsi, on dira sans accord : *Nu-tête, nu-pieds, excepté les femmes, supposé ces faits.* Mais on dira : *Tête nue, les pieds nus, les femmes exceptées, ces faits supposés.*

43. L'adjectif *feu* (défunt) ne s'accorde que quand il précède immédiatement le nom: *La feue reine, votre feue mère;* mais on dit sans faire accorder l'adjectif avec le nom : *Feu la reine, feu votre mère.*

44. L'adjectif *demi*, placé devant un nom, ne s'accorde pas avec ce nom : *Une demi-bouteille, une demi-livre.* Mais, placé après le nom, il s'accorde en genre seulement : *Quatre bouteilles et demie* (quatre bouteilles et une demi-bouteille); *trois livres et demie* (trois livres et une demi-livre). Lorsqu'il remplace un nom pluriel déjà nommé, l'adjectif *demi* prend la marque du pluriel : *Les dernières demi-bouteilles de liqueurs que vous m'avez envoyées étaient excellentes, vous m'en enverrez encore six demies de la même qualité* (on sous-entend le mot *bouteilles*).

45. Quand un nom est suivi de deux adjectifs dont le premier est qualifié par le second, ils restent tous les deux invariables : *Des habits bleu-de-ciel* (d'un bleu-de-ciel), *des étoffes rouge-foncé* (d'un rouge foncé), *des toiles rose-tendre* (d'un rose tendre). Mais on écrira, en faisant accorder l'adjectif avec le nom : *Des habits bleus, des robes bleues.*

46. Quand un adjectif se rapporte à deux noms singuliers, on met cet adjectif au pluriel : *Jules et Ernest sont aimables, complaisants et actifs.*

47. Quand un adjectif sert à qualifier deux noms de différents genres, on met cet adjectif au masculin : *Jules et Octavie sont bienfaisants.*

48. Lorsque l'adjectif est immédiatement après les noms, et qu'il n'est pas terminé par l'*e* muet, il faut mettre l'adjectif masculin le dernier : *Ernest a montré une prudence et un courage étonnants.*

DES ADJECTIFS DÉMONSTRATIFS.

49. Les adjectifs qui se placent toujours devant les noms, lorsqu'on veut indiquer, montrer les substantifs, sont : *Ce, cet, cette, ces.*

On met :

Ce devant un nom masculin singulier qui commence par une consonne : *Ce canif, ce crayon;*

Cet devant un nom masculin singulier qui commence par une voyelle ou par l'*h* muet : *Cet oiseau, cet arbre, cet homme,* etc.;

Cette devant un nom féminin singulier : *Cette personne, cette fleur, cette rose;*

Ces devant tous les noms pluriels de l'un ou de l'autre genre : *Ces oiseaux, ces fleurs.*

DES ADJECTIFS POSSESSIFS.

50. Les adjectifs possessifs, qui se joignent toujours aux noms, pour exprimer la propriété, la possession des *êtres* ou des *objets* représentés par les noms, sont :

	Que l'on met devant un nom		Pour annoncer que l'être ou l'objet représenté par le nom appartient à la personne	
Mon, Ton, Son,	masculin singulier,	qui parle : à qui l'on parle : de qui l'on parle :	*Mon père, mon frère, mon ami.* *Ton père, ton frère, ton ami.* *Son père, son frère, son ami.*	
Ma, Ta, Sa,	féminin singulier,	qui parle : à qui l'on parle : de qui l'on parle :	*Ma mère, ma sœur, ma maison.* *Ta mère, ta sœur, ta maison.* *Sa mère, sa sœur, sa maison.*	
Notre, Votre, Leur,	sing. des 2 genres,	qui parle : à qui l'on parle : de qui l'on parle :	*Notre jardin, notre maison.* *Votre jardin, votre maison.* *Leur jardin, leur maison.*	
Mes, Tes, Ses,	plur. des 2 genres,	qui parle : à qui l'on parle : de qui l'on parle :	*Mes fruits, mes fleurs.* *Tes fruits, tes fleurs.* *Ses fruits, ses fleurs.*	
Nos, Vos, Leurs,		qui parle : à qui l'on parle : de qui l'on parle :	*Nos fruits, nos fleurs.* *Vos fruits, vos fleurs.* *Leurs fruits, leurs fleurs.*	

51. Les adjectifs *mon, ton, son* s'emploient aussi devant un nom féminin singulier, qui commence par une voyelle ou par l'*h* muet : *Mon âme, mon épouse, mon épée; ton âme, ton épouse, ton épée; son âme, son épouse, son histoire de France.*

DES ADJECTIFS NUMÉRAUX.

52. Les adjectifs numéraux sont de deux espèces : les adjectifs numéraux *cardinaux,* qui se placent toujours devant les noms pour exprimer le nombre : *Un homme, deux chevaux, trois maisons, quatre arbres, cinq lieues, six francs,* etc.; et les adjectifs numéraux *ordinaux,* qui marquent le rang qu'on tient : *Le premier ministre, le second mois de l'année, le troisième jour de la semaine, le quatrième élève de cette classe,* etc.

53. Les adjectifs numéraux qui désignent le nombre, ne prennent pas la marque du

pluriel, excepté *vingt* et *cent*, s'il est question de plusieurs *vingts* et de plusieurs *cents*, lorsqu'ils ne sont pas suivis d'un autre adjectif numéral : *Deux cents francs, quatre-vingts hommes.* Mais si les mots *vingt* et *cent* sont suivis d'un autre adjectif numéral, ils ne prennent pas la marque du pluriel : *Trois cent quinze francs, quatre-vingt-cinq arbres.*

54. Le mot *mille*, qui est tantôt adjectif numéral, et tantôt nom de nombre, s'écrit de trois manières différentes :

1° Comme nom de nombre et signifiant la date de l'année, on écrit *mil* : *L'an mil huit cent trente-quatre.* En ce sens il ne prend pas la marque du pluriel;

2° Comme adjectif numéral, on écrit *mille* : *Deux mille francs.* En ce sens il ne prend pas non plus la marque du pluriel;

3° Comme nom de nombre, marquant la mesure du chemin, il prend la marque du pluriel : *Nous fîmes une course de quatre milles en deux heures.*

55. Les adjectifs numéraux qui expriment plusieurs parties d'unité, et ceux qui expriment une quantité supérieure à *mille* dans un seul mot, prennent *s* au pluriel. *Trois quarts, deux vingtièmes, trois millions, deux milliards.*

DES ADJECTIFS INDÉFINIS.

Les adjectifs indéfinis, qui se joignent aux noms pour désigner d'une manière générale ou vague les *êtres* ou les *objets*, sont : *Chaque, nul, aucun, même, quelque, tout, plusieurs, quelconque.*

56. *Chaque* s'emploie devant un nom, soit masculin, soit féminin, et exprime unité d'objet pris d'une manière déterminée, mais vague : *Chaque élève fera son devoir; chaque devoir sera vu et corrigé par le maître. Chaque personne a ses défauts particuliers et ses qualités particulières.*

57. *Nul*, signifiant *aucun*, s'emploie aux deux genres et aux deux nombres. Il s'écrit au singulier, lorsqu'il est accompagné d'un nom singulier, et il s'écrit au pluriel, lorsqu'il est accompagné d'un nom pluriel : *Nul homme, nulle femme, des actes nuls, des clauses nulles, nuls vivres, nulles provisions,* etc.

58. *Aucun, aucune*, signifiant *pas un, pas une*, n'a point de pluriel : *Aucun élève; aucune plume; aucune raison ne peut justifier le mensonge.* Cependant, avec un substantif qui ne peut s'employer au singulier, *aucun* prend la marque du pluriel : *Cet huissier ne fit aucuns frais.* (Le mot *frais* ne s'emploie pas au singulier.)

59. Le mot *même*, joint à un nom ou à un pronom pluriel, prend *s* : *Les mêmes élèves ont encore fait les mêmes fautes. Ils iront eux-mêmes. Elles iront elles-mêmes.* Lorsque le mot *même* signifie *aussi*, il est invariable : *Les hommes, les femmes, les vieillards, les enfants* même *se défendirent avec un courage héroïque.* Dans ce dernier exemple on peut dire : *Les hommes, les femmes, les vieillards et les enfants* aussi *se défendirent,* etc. *Cette personne, exempte de maux réels, s'en forme* même *d'idéaux* (c'est-à-dire, s'en forme *aussi* d'idéaux).

60. *Quelque* s'écrit de trois manières différentes :

1° Suivi d'un verbe, il se met en deux mots, *quel que*; et alors il est adjectif indéfini, et s'accorde en genre et en nombre avec le sujet du verbe :

Quel que soit votre dessein;	*Quels que soient vos projets;*
Quelle que soit votre intention;	*Quelles que soient vos ressources;*

2° Suivi d'un substantif, il s'écrit en un seul mot, *quelque*; il est encore adjectif indéfini, et prend *s* au pluriel : *Quelque fortune que vous possédiez; quelques qualités brillantes que vous ayez;*

3° Lorsqu'il n'est pas suivi d'un nom pluriel ou d'un équivalent, *quelque* est invariable : *Quelque riche qu'il soit*; *quelque belles que soient ces étoffes*; *quelque belles qualités que vous ayiez.*

61. *Tout* peut être employé comme *nom*, comme *adjectif* et comme *mot invariable.*

1° Il s'emploie comme nom ou substantif, quand il est précédé de l'article *le*, *les* ou *des* : *le tout est plus grand que sa partie*; *les mots sont des touts syllabiques.* Dans ce sens il conserve toujours le *t* au pluriel.

2° Il s'emploie comme adjectif indéfini et prend l'accord du nom qu'il détermine : *Tous mes devoirs sont finis*; *toutes ces jeunes personnes ont des qualités précieuses.* Dans ce sens le *t* se supprime au masculin pluriel.

3° Il est invariable, quand il signifie *tout-à-fait*, *quelque* :

Ces jeunes personnes, tout *aimables qu'elles sont*,		quelque *aimables qu'elles sont.*
Ces jeunes personnes sont tout *aimables*,	ce qui signifie	sont tout-à-fait *aimables.*
Ces enfants tout *joyeux qu'ils sont*,		quelque *joyeux qu'ils sont.*
Ces enfants sont tout *joyeux*,		sont tout-à-fait *joyeux.*

Cependant le mot *tout*, signifiant *tout-à-fait*, varie en genre et en nombre, quand l'adjectif ou le participe qui suit est au féminin ou au pluriel, et qu'il commence par une consonne :

Sophie fut toute *stupéfaite à cette nouvelle* (tout-à-fait *stupéfaite*).

Ces jeunes personnes, toutes *spirituelles qu'elles sont* (quelque *spirituelles*).

62. *Plusieurs*, adjectif indéfini, ne se dit qu'au pluriel, et peut avoir rapport aux êtres ou aux objets : *Plusieurs personnes m'ont parlé de cette affaire. Plusieurs chevaux furent tués. Plusieurs jardins furent inondés.*

63. *Quelconque*, adjectif indéfini, se met toujours après le nom, et peut se rapporter aux êtres ou aux objets dont il détermine la signification d'une manière vague : *Amenez une personne quelconque. Prêtez-moi un cheval quelconque. Prenez un ouvrier quelconque* (peu importe lequel, laquelle ; quelque soit, quel qu'il soit).

VARIATIONS DES PRONOMS.

PRONOMS PERSONNELS.

64. Les pronoms personnels, qui désignent plus spécialement les personnes que les autres pronoms, sont :

POUR LA PERSONNE *qui parle.*	Je		au sing. des 2 genres :	Je *lirai*, je *dessine*, etc.
	Me			Me *connaissez-vous?*
	Moi			Moi, *je le veux bien.*
	Nous		au plur. des 2 genres :	Nous *allons nous promener.*
à qui l'on parle,	Tu		au sing. des 2 genres :	Tu *devrais étudier.*
	Te			Te *souviens-tu de cela ?*
	Toi			Toi, *mon ami, je t'aime.*
	Vous		au plur. des 2 genres :	Vous, *mes enfants, étudiez.*
de qui l'on parle,	Il	Ainsi on dira,	au singulier masculin :	Il *arrivera ce soir.*
	Le			Le *connaissez-vous ?*
	Lui		au sing. des 2 genres :	Lui *pardonnez-vous, à lui, à elle ?*
	Elle		au féminin singulier :	Elle *vous estime.*
	La			La *recevrez-vous ?*
	Les		au plur. des 2 genres :	Les *connaissez-vous, eux, elles ?*
	Leur			Leur *achetterez-vous cela, à eux, à elles ?*
	Eux		au pluriel masculin :	Eux-*mêmes en parlent.*
	Ils			Ils *doivent arriver ce soir.*
	Elles		au féminin pluriel :	Elles *vous chérissent.*
	Se		aux deux genres et aux deux nombres :	Se *pardonne-t-il, lui, se pardonnent-ils, eux,* etc.
	Soi			On *agit* soi-*même pour être bien servi.*
	Y			Y *pensez-vous, à lui, à eux, à elle, à elles, à cela?*
	En			En *parlez-vous, de lui, d'elle, d'eux, d'elles, de cela?*

65. Les mots *le*, *la*, *les*, sont articles lorsqu'ils sont placés devant les noms : Le *jardin*, la *maison*, les *sciences*; mais, tenant la place d'un nom, ils sont pronoms; dans ce dernier cas, ils sont suivis d'un verbe : *Je* le *connais; tu* la *regardes; nous* les *connaissons, eux, elles,* etc.

66. **Leur,**
- Suivi d'un nom, est adjectif possessif et prend la marque du pluriel : *Leur* jardin, *leur* maison, *leurs* enfants, *leurs* fruits, etc.
- Précédé de l'article *les* ou *des*, il est pronom possessif et prend aussi la marque du pluriel : *Les* leurs *sont beaux; donnez-nous en des* leurs.
- Lorsque ce mot est mis pour *à eux*, *à elles*, il est pronom personnel et ne varie pas : *Je* leur *dirai, à eux, à elles; Je* leur *en donnerai, à eux, à elles.*

67. En
{ est *préposition* : *De porte en porte ; de ville en ville ; de jour en jour.*
{ est *adverbe de lieu* : *Vous allez à la ville, et nous en venons.*
{ est *pronom personnel* : *De cinq enfants qu'il avait il ne lui en reste plus qu'un.*

68. Toutes les fois que, dans une demande, il y a le pronom *la* ou *les*, on doit conserver le même pronom dans la réponse. Mais si l'on n'a pas ces pronoms, on doit ajouter *le* en répondant :

Etes-vous
{ *la* maîtresse de la maison ? Oui, Monsieur, je *la* suis.
{ *la* mariée ? Oui, Madame, je *la* suis.
{ *la* malade ? Non, Monsieur, je ne *la* suis pas.
{ *les* sœurs de Jules ? Non, Monsieur, nous ne *les* sommes pas.
{ *les* mères de ces enfants ? Oui, Madame, nous *les* sommes.

Etes-vous
{ mère ? Oui, Monsieur, je *le* suis (sous-entendu mère).
{ malade ? Non, Monsieur, je ne *le* suis pas (malade).
{ mariée ? Oui, Madame, je *le* suis (mariée).

DES PRONOMS DÉMONSTRATIFS.

69. Les pronoms démonstratifs, qui servent à indiquer, à montrer les *êtres* ou les *objets* dont ils représentent les noms, sont :

Ce, *Celui*, *Celui-ci*, *Celui-là*,		*masculin singulier :*	Ce sont les enfants qui ont cassé cela. / Celui qui est sur la table est beau. / Celui-ci est magnifique. / Celui-là est très-bien fait.
Ceux, *Ceux-ci*, *Ceux-là*,	*que l'on met à la place d'un nom*	*masculin pluriel :*	Ceux que vous avez sont vieux. / Ceux-ci me plaisent beaucoup. / Ceux-là me plaisent encore davantage.
Celle, *Celle-ci*, *Celle-là*,		*féminin singulier :*	Celle que j'ai vue est belle. / Celle-ci est très-bonne. / Celle-là est trop vieille.
Celles, *Celles-ci*, *Celles-là*,		*féminin pluriel :*	Celles que vous avez coûtent cher. / Celles-ci sont bien travaillées. / Celles-là sont soignées.

70. Ce,
{ suivi d'un nom masculin singulier qui commence par une consonne, est *adjectif démonstratif* : *Ce soldat, ce jardin, ce rosier.*
{ Placé devant le verbe *être*, ou suivi des pronoms *que, qui, quoi, dont*, il est *pronom démonstratif* : *C'est Jules qui lira ; ce sont les enfants qui ont apporté ce livre ; ce que je vous dis est vrai ; ce qui me plaît, c'est votre application ; ce à quoi je pense ; ce dont je vous ai parlé.*

DES PRONOMS POSSESSIFS.

71. Les pronoms possessifs, qui tiennent la place des noms dont ils expriment la propriété, la possession, sont :

Le mien,		Le mien	(habit)	est bien fait.
Le tien,		Le tien	————	est mal fait.
Le sien,	masculin singulier :	Le sien	————	est mal fait.
Le nôtre,		Le nôtre	————	est bien cousu.
Le vôtre,		Le vôtre	————	est mal cousu.
Le leur,		Le leur	————	est mal cousu.
Les miens,		Les miens	(jardins)	sont bien cultivés.
Les tiens,	masculin pluriel :	Les tiens	————	sont bien ensemencés.
Les siens,		Les siens	————	sont bien labourés.
Les nôtres,		Les nôtres	(arbres ou fleurs)	sont fleuris ou fleuries.
Les vôtres,	plur. des 2 genres :	Les vôtres	————————	sont fleuris ou fleuries.
Les leurs,		Les leurs	————————	sont fleuris ou fleuries.
La mienne,		La mienne	(robe)	est bien faite.
La tienne,		La tienne	————	est mal faite.
La sienne,	féminin singulier :	La sienne	————	est mal faite.
La nôtre,		La nôtre	————	est bien cousue.
La vôtre,		La vôtre	————	est mal cousue.
La leur,		La leur	————	est bien cousue.
Les miennes,		Les miennes	(robes)	sont bien cousues.
Les tiennes,	féminin pluriel :	Les tiennes	————	sont bien cousues.
Les siennes,		Les siennes	————	sont mal cousues.

(qu'on met à la place d'un nom)

REMARQUE. On ne met pas l'accent circonflexe sur l'o, dans *notre*, *votre*, adjectif possessif suivi d'un nom : *Notre maison, votre jardin*; mais on en met un sur l'o de *notre*, *votre*, précédés de l'article, parce qu'ils sont pronoms : *Mon livre est plus nouveau que le vôtre.*

DES PRONOMS RELATIFS.

72. Les pronoms relatifs, qui ont un rapport tout particulier avec un nom ou un autre pronom, et dont ils rappellent l'idée, sont :

Que,	aux 2 genres et aux 2 nombres :	*L'homme* ou *les hommes, la femme* ou *les femmes* que l'on occupe.
Qui,	aux 2 genres et aux 2 nombres :	*L'homme* ou *la femme* qui prie; *les hommes* ou *les femmes* qui rient.
Lequel,	au masculin singulier :	*Le cheval sur* lequel *j'étais monté.*
Lesquels,	au masculin pluriel :	*Les cavaliers avec* lesquels *nous partîmes.*
Laquelle,	au féminin singulier :	*La maison dans* laquelle *nous sommes.*
Lesquelles,	au féminin pluriel :	*Les plumes avec* lesquelles *nous écrivons.*
Dont,	aux 2 genres et aux 2 nombres :	*Les hommes* ou *les femmes* dont *je parle.*

(qui s'emploie)

DES PRONOMS INDÉFINIS.

73. Les pronoms indéfinis, qui tiennent la place des noms et qui servent à désigner d'une manière générale ou vague et indéterminée les *êtres* ou les *objets* représentés par ces noms, sont :

On,	aux deux genres et aux deux nombres :	*On est heureux quand on fait une bonne action.* *Quand on est mère, on est indulgente.* *On n'est pas des esclaves pour éprouver de si mauvais traitements.*
L'un l'autre,	aux deux genres et aux deux nombres,	qui marque réciprocité : *Ils s'aiment l'un l'autre; ils s'aiment les uns les autres; elles s'entr'aident l'une l'autre, les unes les autres.*

L'un et l'autre,	aux deux genres et aux deux nombres,	qui marque simplement pluralité : *L'un et l'autre sont très-instruits ; ils s'estiment l'un et l'autre ; l'une et l'autre, les unes et les autres.*
Quelqu'un,	aux deux genres et aux deux nombres :	Lorsqu'il se rapporte à un mot qui précède, il peut représenter une personne ou une chose : *Vous avez des ouvriers, envoyez-m'en quelques-uns ; vous avez de belles plumes, prêtez-m'en quelques-unes. Quelqu'un m'a donné des fleurs.*
Chacun,	au singulier des deux genres :	Chacun *de vous aura une récompense ;* chacune *de vous lira à son tour ; le prix de ces livres est de cinq francs chacun ; ces gravures coûtent deux francs chacune.*
Quiconque,	au sing. masculin :	Quiconque *enfreindra les lois qui sont faites pour tous, sera puni d'une manière exemplaire.*
Autrui,	au sing. masculin :	*Respectez le bien de cet homme, de cette femme, de ces hommes, de ces femmes, car nous devons tous respecter le bien d'autrui.*

REMARQUE. On dit souvent *l'on* au lieu de *on*, pour éviter une rencontre de son qui serait désagréable à l'oreille.

Ainsi, au lieu de dire :	*Si* on *vous aime,* *Si* on *veut me croire,* *Si* on *vient,* *Si* on *m'appelait,* *Si* on *vous grondait,*	on dira : *Si* l'on *vous aime.* *Si* l'on *veut me croire.* *Si* l'on *vient.* *Si* l'on *m'appelait.* *Si* l'on *vous grondait.*

VARIATIONS OU ORTHOGRAPHE DES VERBES.

PRÉSENT DE L'INDICATIF.

74. Quand la première personne singulière finit par un *e* muet, on ajoute un *s* à la seconde personne, et la troisième est semblable à la première.

Exemples :

J' aime,	tu aimes,	il aime.
J' ouvre,	tu ouvres,	il ouvre.
Je marche,	tu marches,	il marche.

75. Si la première personne finit par *s* ou par *x*, la seconde est semblable à la première, et la troisième finit par *t*, par *d*, ou par *c*.

Exemples :

Je finis,	tu finis,	il finit.
Je veux,	tu veux,	il veut.
Je rends,	tu rends,	il rend.
Je vaincs,	tu vaincs,	il vainc.

(56)

76. Le pluriel, dans toutes les conjugaisons, se termine toujours,

A la
- 1re pers. par *ons* : Nous aimons, nous finissons, nous recevons, nous rendons.
- 2^e pers. par *ez* : Vous aimez, vous finissez, vous recevez, vous rendez.
- 3^e pers. par *ent* : Ils aiment, ils finissent, ils reçoivent, ils rendent.

IMPARFAIT DE L'INDICATIF.

77. L'imparfait de l'indicatif se termine toujours,

A la
- 1re pers. sing^{re} par *ais* : J'aimais, je finissais, je recevais, je rendais.
- 2^e pers. par *ais* : Tu aimais, tu finissais, tu recevais, tu rendais.
- 3^e pers. par *ait* : Il aimait, il finissait, il recevait, il rendait.
- 1re pers. plur. par *ions* : Nous aimions, nous finissions, nous recevions, nous rendions.
- 2e pers. par *iez* : Vous aimiez, vous finissiez, vous receviez, vous rendiez.
- 3e pers. par *aient* : Ils aimaient, ils finissaient, ils recevaient, ils rendaient.

PRÉTÉRIT DE L'INDICATIF.

78. Le passé défini a quatre terminaisons, qui sont :

Ai : J'aimai, tu aimas, il aima, nous aimâmes, vous aimâtes, ils aimèrent.
Is : Je finis, tu finis, il finit, nous finîmes, vous finîtes, ils finirent.
Us : Je reçus, tu reçus, il reçut, nous reçûmes, vous reçûtes, ils reçurent.
Ins : Je vins, tu vins, il vint, nous vînmes, vous vîntes, ils vinrent.

FUTUR DE L'INDICATIF.

79. Le futur de l'indicatif se termine toujours,

A la
- 1re pers. sing^{re} par *rai* : J'aimerai, je finirai, je recevrai, je rendrai.
- 2^e pers. par *ras* : Tu aimeras, tu finiras, tu recevras, tu rendras.
- 3^e pers. par *ra* : Il aimera, il finira, il recevra, il rendra.
- 1re pers. plur. par *rons* : Nous aimerons, nous finirons, nous recevrons, nous rendrons.
- 2e pers. par *rez* : Vous aimerez, vous finirez, vous recevrez, vous rendrez.
- 3e pers. par *ront* : Ils aimeront, ils finiront, ils recevront, ils rendront.

REMARQUE. Tous les verbes dont l'infinitif est terminé en *er*, ont un *e* muet avant la finale *rai*, *ras*, *ra* : Je donnerai, tu donneras, il donnera ; je jouerai, tu joueras, il jouera ; j'oublierai, tu appuieras, je ploierai, etc.

CONDITIONNEL PRÉSENT.

80. Le conditionnel présent se termine toujours,

A la
- 1re p. sing., par *rais* : J'aimerais, je finirais, je recevrais, je rendrais.
- 2e —— par *rais* : Tu aimerais, tu finirais, tu recevrais, tu rendrais.
- 3e —— par *rait* : Il aimerait, il finirait, il recevrait, il rendrait.
- 1re p. plur., par *rions* : Nous aimerions, nous finirions, nous recevrions, nous rendrions.
- 2e —— par *riez* : Vous aimeriez, vous finiriez, vous recevriez, vous rendriez.
- 3e —— par *raient* : Ils aimeraient, ils finiraient, ils recevraient, ils rendraient.

IMPÉRATIF.

81. La seconde personne singulière de l'impératif a plusieurs terminaisons, mais la première personne plurielle est toujours terminée par *ons*, et la seconde par *ez*.

Exemples :

Aime,	aimons,	aimez.
Donne,	donnons,	donnez.
Finis,	finissons,	finissez.
Écris,	écrivons,	écrivez.
Reçois,	recevons,	recevez.
Rends,	rendons,	rendez.

REMARQUE. On ajoute *s* à la seconde personne singulière de l'impératif, lorsque cet impératif est suivi de l'un des pronoms *y* ou *en* : *Donnes-en à ton frère, portes-y du secours.*

SUBJONCTIF.

82. Le présent du subjonctif, dans les verbes des quatre conjugaisons, se termine,

A la 1re pers. sing^{re}, par *e* : que j'aime, que je finisse, que je reçoive, que je rende.

A la 2e ————— par *es* : que tu aimes, que tu finisses, que tu reçoives, que tu rendes.

A la 3e ————— par *e* : qu'il aime, qu'il finisse, qu'il reçoive, qu'il rende.

A la 1re pers. plur., par *ions* : que nous aimions, que nous finissions, que nous recevions, que nous rendions.

A la 2e ————— par *iez* : que vous aimiez, que vous finissiez, que vous receviez, que vous rendiez.

A la 3e ————— par *ent* : qu'ils aiment, qu'ils finissent, qu'ils reçoivent, qu'ils rendent.

(Il est important)

83. L'imparfait du subjonctif a, comme le passé défini dont il est formé, quatre terminaisons :

Asse : que je donnasse, que tu donnasses, qu'il donnât, que nous donnassions, que vous donnassiez, qu'ils donnassent.

Isse : que je finisse, que tu finisses, qu'il finît, que nous finissions, que vous finissiez, qu'ils finissent.

Usse : que je reçusse, que tu reçusses, qu'il reçût, que nous reçussions, que vous reçussiez, qu'ils reçussent.

Insse : que je tinsse, que tu tinsses, qu'il tînt, que nous tinssions, que vous tinssiez, qu'ils tinssent.

(Il faudrait)

EMPLOI DES TEMPS DU SUBJONCTIF.

84. Le présent du subjonctif correspond, pour le sens :

1° AU PRÉSENT DE L'INDICATIF.

On dit, avec l'INDICATIF : Sophie n'est heureuse qu'avec sa mère.

——————— le SUBJONCTIF : Faut-il que Sophie ne soit heureuse qu'avec sa mère !

8

2° AU FUTUR DE L'INDICATIF.

On dit, avec l'INDICATIF :   Charles ETUDIERA peut-être.
——————— le SUBJONCTIF : Il est possible que Charles OBÉISSE.
85. L'imparfait du subjonctif correspond, par le sens :

1° A L'IMPARFAIT DE L'INDICATIF.

On dit, avec l'INDICATIF :   Je CROYAIS qu'Ernest ÉTAIT obéissant.
——————— le SUBJONCTIF : Je ne CROYAIS pas qu'Ernest FUT si obéissant.

2° AU CONDITIONNEL PRÉSENT.

On dit, avec l'INDICATIF :   Je croyais qu'Octavie VIENDRAIT.
——————— le SUBJONCTIF : Je ne doutais pas que Caroline ne VINT.
86. Le passé du subjonctif correspond, pour le sens :

1° AU PASSÉ DE L'INDICATIF.

On dit, avec l'INDICATIF :   Eugène n'A pas fini son devoir, je ne le crois pas.
——————— le SUBJONCTIF : Je ne crois pas qu'Eugène SOIT parvenu à faire son devoir.

2° AU FUTUR ANTÉRIEUR.

On dit, avec l'INDICATIF :   Vous AUREZ fini vos devoirs pour huit heures, il le faut absolument.
——————— le SUBJONCTIF : Il faut absolument que vous AYEZ fini vos devoirs avant huit heures.

87. On dit, avec l'INDICATIF :   Ah! si vous AVIEZ vu Sophie prosternée! je croyais qu'elle AVAIT fini
——————— le SUBJONCTIF : Je voudrais que vous l'EUSSIEZ vue; je ne croyais pas qu'elle EUT fini.

AU CONDITIONNEL PASSÉ.

On dit, avec l'INDICATIF :   Vous AURIEZ chéri cette personne, si vous l'eussiez connue.
——————— le SUBJONCTIF : Je ne doute pas que vous n'EUSSIEZ admiré cet enfant, si vous l'EUSSIEZ connu.

88. Le présent du subjonctif peut être précédé d'un verbe,
1° AU PRÉSENT DE L'INDICATIF : Obéis à tes parents, si TU VEUX qu'on T'OBÉISSE un jour.
2° AU PASSÉ INDÉFINI :   Mon maître A VOULU que je FASSE ce devoir.
3° AU FUTUR SIMPLE :   Il FAUDRA que vous SUIVIEZ les bons exemples de vos parents.
4° AU FUTUR ANTÉRIEUR :   Quand vous aurez ORDONNÉ que J'OBÉISSE, j'obéirai.
89. L'imparfait du subjonctif peut être précédé d'un verbe,
1° AU PRÉSENT DE L'INDICATIF : CROYEZ-vous que Charles OSÂT parler ainsi, s'il n'était conseillé.
2° A L'IMPARFAIT :   Que VOULIEZ-vous que je FISSE? R. Que vous APPRISSIEZ vos leçons.
3° AU PASSÉ DÉFINI :   Le maître DÉFENDIT qu'aucun de nous ENTRAT en classe avant l'heure.
4° AU PASSÉ INDÉFINI :   Nous n'AVONS pas cru que vous REVINSSIEZ si tôt.
5° AU CONDITIONNEL PRÉSENT : Louis VOUDRAIT que nous PARTISSIONS de suite.

6° Au Conditionnel passé :   J'aurais désiré que vous arrivassiez plus tôt.

90. Le passé du subjonctif peut être précédé d'un verbe,

  1° Au présent de l'Indicatif : Quels devoirs avez-vous faits pendant les vacances? Quels devoirs voulez-vous que nous ayons faits?

  2° Au passé de l'Indicatif : Vous ne m'avez pas dit que vos devoirs se soient ainsi trouvés faits.

91. Le plus-que-passé du subjonctif peut être précédé d'un verbe,

  1° Au présent de l'Indicatif : Je ne doute pas que vous n'eussiez fait une bonne action.

  2° A l'Imparfait :   Je ne croyais pas que Sophie eût si tôt fini.

  3° Au Passé défini :   Je ne craignis pas qu'Eucaris m'eût trompé.

  4° Au Passé indéfini :   J'ai souhaité qu'Eucaris eût réussi.

  5° Au Plus-que-passé :   J'avais craint un moment qu'elle n'eût pas réussi.

VARIATIONS DU PARTICIPE PASSÉ.

92. Iʳᵉ RÈGLE. Tout participe passé joint au nom ou au pronom, sans l'aide d'un des temps des verbes *avoir* ou *être*, se met toujours au même genre et au même nombre que le nom ou le pronom auquel il se rapporte, c'est-à-dire, que l'on ajoute un *e* muet, si le nom ou le pronom est féminin, et un *s*, s'il est pluriel.

Exemples.

Un jardin cultivé.   Une plante cultivée.
Des jardins cultivés.   Des plantes cultivées.

93. IIᵉ RÈGLE. Le participe passé précédé d'un des temps du verbe *être*, s'accorde en genre et en nombre avec son sujet, si ce verbe ne peut être remplacé par un des temps du verbe *avoir*, suivi de la préposition *à*, comme dans cet exemple :

Ces dames *se sont* donné la mort. { Ici l'on peut dire, } Ces dames *ont* donné à elles la mort.
Ces auteurs *se sont* succédé. {avec le verbe *avoir*,} Ces auteurs *ont* succédé à eux.

Exemples.

SUJET.	VERBE.	PARTICIPE.		Ici on ne peut pas dire :
Ma sœur ——	est ——	partie.		Ma sœur a partie.
Sophie ——	est ——	sortie.		Sophie a sortie.
Octavie ——	sera ——	instruite.		Octavie aura instruite elle.
Ma cousine s'——	est ——	blessée.		Ma cousine s'a blessée.
Ses espérances -	sont ——	détruites.		Ses espérances se ont détruites.
Ils se ——	sont ——	jetés	à l'eau.	Ils se ont jetés à l'eau.
Nous nous ——	sommes	rendus	à l'audience.	Nous nous avons rendus à l'au lieue.
Elles se ——	sont ——	servies	elles-mêmes.	Elles se ont servies elles-mêmes.
Ils se ——	sont ——	piqués	à la main.	Ils se ont piqués à la main.
Elles se ——	sont ——	prévalues	de leurs forces.	Elles se ont prévalues de leurs forces.
Elles se ——	sont ——	emparées	de tout.	Elles se ont emparées de tout.
Vos habits se ——	sont ——	déchirés.		Vos habits se ont déchirés.
Vos ardoises se	sont ——	brisées.		Vos ardoises se ont brisées.
La paix s'——	est ——	conclue	heureusement.	La paix se a conclue.
Ces dames se ——	sont ——	plues	dans cette maison	Ces dames se ont plues.

(ont plu elles, se sont bien trouvées).

94. IIIe RÈGLE. Toutes les fois que le régime direct précède le participe passé, il y a toujours accord entre eux.

Exemples.

Dans ces phrases.	Le régime direct.	Le participe passé.
Les *cadeaux que* nous nous sommes *faits.*	*Que,* pronom de cadeaux,	Faits.
Les *récompenses qu'*on vous a *promises,* vous *les* avez *reçues.*	*Qu',* pron. de récompenses, *Les,* pron. de récompenses,	Promises. Reçues.
Je connais cette *demoiselle,* je *l'*ai en- *tendue* chanter une romance.	*L',* pron. de demoiselle,	Entendue.
La *personne que* vous avez *vue* écrire, est très-aimable.	*Que,* pron. de personne,	Vue.
Cette *campagne* est belle, comme vous *l'*avez *vue,* telle que vous *l'*avez *vue.*	*L'.* pron. de campagne,	Vue.
Vous avez obtenu une *place* comme vous *l'*avez *désirée.*	*L',* pronom de place,	Désirée.

(est placé avant)

REMARQUE. Lorsqu'un participe passé est précédé du mot PEU ou du mot EN, et que l'on peut supprimer PEU ou EN sans changer le sens de la phrase, ce participe s'accorde en genre et en nombre avec son régime direct; mais, si l'on ne peut supprimer PEU ou EN sans être obligé de répéter le régime direct, le participe est invariable.

Exemples :

OU L'ON N'EST PAS OBLIGÉ DE RÉPÉTER LE RÉGIME DIRECT.	OU L'ON EST OBLIGÉ DE RÉPÉTER LE RÉGIME DIRECT.
Cette terre est très-bonne, la portion que j'en ai achetée, sera très-productive. Ici l'on peut dire : La portion que j'ai achetée, sera très-productive. Le peu d'espérance qu'on lui a laissée, l'a beau- coup encouragé. Ici l'on peut dire : L'espérance qu'on lui a laissée, l'a encouragé.	Je vous ai prié de m'apporter des plumes, com- bien en avez-vous acheté? En supprimant EN, il faut répéter plumes : Combien avez-*vous* acheté (de plumes)? Le peu d'espérance qu'on lui a laissé, l'a dé- couragé. Ce qui signifie : Comme on ne lui a laissé aucune espérance, il a été découragé.

OBSERVATION Si le participe passé est suivi d'un infinitif, il faut remarquer si l'action exprimée par cet infinitif est faite par le régime direct. Dans l'affirmative, le participe passé s'accorde avec ce régime. Si au contraire, l'action exprimée par l'infinitif n'est pas faite par le régime direct, le participe passé est toujours invariable.

Exemples.

ACTION FAITE PAR LE RÉGIME DIRECT.	ACTION NON FAITE PAR LE RÉGIME DIRECT.
La personne *que* vous avez *vue* écrire (qui écrivait). Les jeunes personnes *que* vous avez *enten- dues* louer leur maîtresse (qui louaient leur maîtresse).	La personne *que* vous avez *vu* peindre (qu'on peignait). Les hauts faits *que* vous *avez entendu* chanter (qu'on chantait, qu'on célébrait).

95. Le participe passé est toujours invariable, lorsqu'il est suivi de son régime direct.

Exemples.

Dans ces phrases.	Le participe passé.	Régime direct.
Ils ont reçu des récompenses.	Reçu	Des récompenses.
Je connais cette demoiselle, je l'ai entendu louer par des personnes de ma con- naissance.	Entendu *(est suivi de son ré- gime direct.)*	Louer cette demoiselle.

DANS CES PHRASES.	LE PARTICIPE PASSÉ	RÉGIME DIRECT.
J'ai vu cette personne écrire une lettre.	Vu	Cette personne.
Cette campagne est belle, comme vous avez vu (qu'elle est belle).	Vu	Qu'elle est belle, la campagne.
Vous avez obtenu une place comme vous avez désiré (en obtenir une quelconque).	Obtenu Désiré	Une place. Obtenir une place.
Je vous ai offert des plumes, en avez-vous pris (quelques-unes)?	Offert Pris	Des plumes. Des plumes.
Ils se sont jeté des pierres.	Jeté	Des pierres.
Elles se sont servi un repas exquis.	Servi	Un repas exquis.
Elles se sont piqué la main.	Piqué	La main.
Je vous ai donné tous les secours que j'ai pu (vous donner).	Donné Pu	Les secours. Donner.
La chose s'est passée comme je l'avais prévu (qu'elle se passerait).	Prévu	Qu'elle se passerait.
Ces dames se sont plu, lorsqu'elles se sont vues.	Plu	A elles, régime indirect.

(Le participe passé « est suivi de son régime direct. »)

96. Le participe d'un verbe *impersonnel* est toujours invariable.

Exemples.

Les grandes chaleurs QU'IL A FAIT.		Les chaleurs ONT ÉTÉ FAITES.
Les grandes pluies QU'IL Y A EU.	On ne peut pas dire :	Les pluies ONT ÉTÉ EUES.
Toutes les sommes QU'IL A FALLU.		Les sommes ONT ÉTÉ FALLUES.

OBSERVATIONS PARTICULIÈRES.

97. *Si,*
- peut être conjonction : Si vous partez, si vous consentez (*condition*).
- peut être adverbe : Vous écrivez si bien, vous marchez si vite (*tellement*).
- peut être substantif : Un si (note de musique) cadencé.

98. *Plutôt,*
- marquant le temps, s'écrit en deux mots séparés : Partez de suite, vous arriverez PLUS TÔT ; mais si ce mot marque la préférence, il s'écrit en un seul mot et sans *s* : PLUTÔT mourir, que de faire une action aussi lâche.

99. *Dont.*
- Lorsque ce mot peut être remplacé par *lequel*, *laquelle*, *lesquels*, *lesquelles*, on écrit par *t* (dont) : L'homme, ou les hommes DONT je parle ; mais s'il ne peut être remplacé par un de ces mots, on écrit par *c* (donc) : Parlez DONC, travaillez DONC.

DES MOTS *QUANT*, *QU'EN*: *QUAND*.

100. *Quant* est toujours suivi de l'invariable *à* ou *de* : *au*, *aux* : Quant à moi, quant à toi ; quant AU livre dont tu me parlais ; quant AUX crayons.

Qu'en, peut se dire *de lui*, *d'elle*, *d'eux*, *d'elles*, *de cela* : Qu'EN pensez-vous DE LUI, D'ELLE, D'EUX, D'ELLES, DE CELA : Qu'EN dites-vous, DE CELA?

Quand, signifie *en combien de temps*, *ou en quel temps* :

QUAND me prêterez-vous ce livre?		EN QUEL TEMPS me prêterez-vous ce livre?
QUAND viendrez-vous nous voir?	signifie:	EN QUEL TEMPS viendrez-vous nous voir?
QUAND avez-vous composé cela?		EN QUEL TEMPS avez-vous composé cela?

DÉFINITIONS DIVERSES, QU'IL SERAIT BON D'APPRENDRE PAR COEUR.

L'AMITIÉ est une passion tendre et généreuse, un sentiment affectueux qui ennoblit tout notre être et qui nous porte à tout sacrifier pour la personne que nous chérissons.

TRAIT TOUCHANT D'AMITIÉ, ou DAMON ET PHINTIAS.

Sur une simple dénonciation, Denys le tyran condamna Phintias à la mort. Celui-ci demanda qu'il lui fût permis d'aller régler des affaires importantes qui l'appelaient dans une ville voisine. Il promit de se présenter au jour marqué, et partit, après que Damon eut garanti cette promesse au péril de sa propre vie.

Cependant les affaires de Phintias traînent en longueur. Le jour destiné à son trépas arrive, le peuple s'assemble; on blâme, on plaint Damon, qui marche tranquillement à la mort, trop certain que son ami allait revenir; trop heureux, s'il ne revenait pas! Déjà le moment fatal approchait, lorsque mille cris tumultueux annoncèrent l'arrivée de Phintias. Il court, il vole au lieu du supplice; il voit le glaive suspendu sur la tête de son ami; et, au milieu des embrassements et des pleurs, ils se disputent le bonheur de mourir l'un pour l'autre. Les spectateurs fondent en larmes; le roi lui-même se précipite du trône, et leur demande instamment de partager une si belle amitié.

(BARTHÉLEMY. *Voyage d'Anacharsis.*)

Voltaire a dit avec raison:

> Pour les cœurs corrompus l'amitié n'est point faite.
> O divine amitié, félicité parfaite,
> Seul mouvement de l'âme où l'excès soit permis,
> Change en bien tous les maux où le Ciel m'a soumis!
> Compagne de mes pas, dans toutes mes demeures,
> Dans toutes les saisons, et dans toutes les heures,
> Sans toi, tout homme est seul; il peut, par ton appui,
> Multiplier son être, et vivre dans autrui.
> Idole d'un cœur juste, et passion du sage,
> Amitié! que ton nom couronne cet ouvrage;
> Qu'il préside à mes vers comme il règne en mon cœur:
> Tu m'appris à connaître, à chanter le bonheur.

L'AMOUR est une passion forte et sublime qui porte l'homme à immoler sa fortune, son honneur et même sa vie pour la personne qui en est l'objet. Le véritable amour ne trouve de bonheur qu'à se dévouer dans ses sacrifices. Cet amour tendre, passionné, généreux, fidèle, emprunte à la vertu tous ses charmes, et tient aussi de ses divins attributs sa pureté, son énergie et sa durée.

L'AMOUR MATERNEL est cette passion tendre et sublime par laquelle l'âme d'une mère ne peut penser à ses enfants sans éprouver un religieux tressaillement.

Élever sa famille, former ses filles à l'étude des vertus domestiques, guider de jeunes hommes passionnés, qui, dans les écarts, se sentent si heureux de trouver le sein maternel, pour accueillir leurs plaintes et leurs repentirs; plus tard, encourager leurs filles épouses et mères, par des conseils ou des exemples; et souvent dans la vieillesse, recommencer pour de petits-fils orphelins, toute une vie de soins et de souffrances, telle est la noble et respectable tâche qu'une mère s'impose.

L'AMOUR FILIAL est un mélange de tendresse et de respect que les enfants éprouvent pour un père chéri, pour une mère adorée. C'est le premier sentiment qui frappe le cœur de l'homme dès son entrée à la vie. On lui a donné le doux nom de piété filiale, parce que, comme elle, ce sentiment se compose de reconnaissance et d'amour.

Tous les hommes recommandables par leurs vertus, ont commencé leur noble carrière par être bons fils.

L'AMOUR FRATERNEL est ce lien de paix et d'affection qui fait la joie et la sécurité dans nos parents. Ce sentiment nous est indiqué par le *divin législateur*, comme le véritable type de l'union qui doit régner entre tous les hommes. *Aimez-vous comme des frères*, dit l'Évangile; en effet, c'est par l'amour fraternel que nous faisons l'apprentissage des plus sublimes comme des plus aimables vertus.

L'AMOUR-PROPRE est un sentiment gravé en nous par la nature, et qui devient vertueux ou vicieux, selon la différence des goûts, des passions, des circonstances. Par l'amour-propre on excite les hommes au travail, par le travail on les mène à la science, on les enlève aux passions. C'est tout ensemble plus de succès et plus de vertus.

La VERTU est l'habitude, l'inclination qu'on a de diriger ses actions au bien général. Les actions les plus vertueuses sont celles qui contribuent le plus au bonheur de ses semblables.

L'OBÉISSANCE est une vertu qui porte les inférieurs à se soumettre aux ordres des supérieurs, et à les exécuter avec docilité et soumission. L'obéissance est la plus nécessaire des vertus de l'enfance.

La GRANDEUR D'AME est un sentiment sublime qui porte au grand, au beau, à l'honnête, qui rejette avec une noble fierté les plus grands avantages, lorsqu'ils ne s'accordent pas avec la probité et la vertu.

La BIENVEILLANCE est une disposition favorable du supérieur à l'égard de l'inférieur. Les yeux de la bienveillance sont toujours rians et pleins de bonté.

La BIENFAISANCE est une vertu qui naît de l'amour de l'humanité, et nous fait contribuer, autant qu'il est en nous, au bonheur de nos semblables.

La CONSCIENCE est cette lumière intérieure, ce sentiment par lequel nous nous rendons témoignage à nous-mêmes du bien et du mal que nous faisons.

L'ÉMULATION est un sentiment par lequel on sent vivement tout ce que vaut l'ouvrage du génie, et en devient un des plus sincères admirateurs. Échauffé par les louanges dont le génie est comblé de toutes parts, il désire ardemment d'en mériter un jour d'aussi flatteuses; il l'a constamment devant les yeux comme un modèle, et sa plus haute ambition est de l'égaler, car il ne conçoit pas la possibilité de le surpasser.

Jamais il ne parle de lui qu'avec ravissement, et ses oreilles sont absolument fermées aux imputations de la calomnie. Des louanges stériles ne suffisent point à son émulation, il se jette avec passion dans la carrière des progrès; il est toujours le premier et le dernier au travail et à l'étude.

L'ENVIE est mortifiée de la supériorité; elle considère l'honneur que se fait un rival, comme envahi sur le sien propre; elle en conçoit la plus odieuse animosité, et désire avec passion de lui voir perdre la réputation qu'il s'est acquise.

L'ESPRIT est une raison ingénieuse qui tient du génie, du goût, du talent, de la pénétration, de l'étendue, de la grâce, de la finesse.

La MORALE est la fille de la vérité, et tous les cœurs, en naissant, apportent une aptitude à suivre ses leçons. Elle ne commande pas, elle persuade. C'est elle qui nous fait triompher des passions dangereuses, et diriger les autres vers un but utile; enfin, c'est d'elle que nous pouvons obtenir le premier des biens, le moyen d'être heureux. Il ne faut qu'écouter sa voix et nous montrer dociles à ses préceptes, dont toute notre bonne éducation doit hâter et diriger les heureux développements.

La RELIGION est un culte que l'on rend à l'auteur de l'univers par la pratique des devoirs; c'est une philosophie sublime qui démontre l'ordre, l'unité de la nature, et explique l'énigme du cœur humain; le plus puissant mobile pour porter l'homme au bien, puisque la foi le met sous l'œil de la Divinité, et qu'elle agit sur la volonté avec autant d'empire que sur la pensée, un supplément de la conscience, qui commande, affermit et perfectionne toutes les vertus, établit de nouveaux rapports de bienfaisance sur de nouveaux liens d'humanité; nous montre dans les pauvres des créanciers et des juges, des frères dans nos ennemis, dans l'Être suprême un père; la religion du cœur, la vertu en action, le plus beau de tous les codes de morale, et dont tous les préceptes sont autant de bienfaits du Ciel.

La vraie religion est simple, mais sublime dans ses préceptes; uniforme et immuable dans son plan, mais progressive dans ses développements, comme les lumières et les besoins des hommes. Elle commence avec le monde, elle se développe sans plier sous le poids des passions et des circonstances.

FIN.